죽기 전에 퇴사할 수 있을까?

나꼼지 에세이

"세상엔 정말 각양 각색의 쓰레기들이 많다.

하지만 가장 중요한 것은

그 속에서 내 자신을 소중히 지키는 것.

항상 어려운 당당해지기. 그럼에도 불구하고,

나는 나다! 뭘 더 바래? 외쳐보기."

쳇바퀴 같이 돌고 도는 내 삶, 이대로 괜찮을까

나는 출근하기 전, 굉장히 심적인 압박이 컸다.

회사는 죽도록 출근하기 싫은데 돈은 벌어야 하는 이 슬픈 현실에 대한 고달픈 마음은 일요일 저녁이 가장 심했다.

왜 나는 취직을 했을까, 왜 여기까지 오게 됐을까, 과거와 현실을 수없이 원망하기도 했다. 하지만 쇼핑하고 여행가고, 맛있는 거 먹으려면 돈을 벌어야 하고, 그러기 위해 회사에 출근하는 것은 필수 불가결한 일이였다. 마음에 맞지도 않는 사람들과 억지로 일을 해야 한다는 것도 퍽 슬펐다. 어른이 되었지만, 마음만은 항상 부모님 그늘 아래 '전업 자녀'로 남고 싶었다.

어른이 되기가 싫었다.

내 금전적인 문제를 해결해 주는 회사생활은 항상 즐겁지가 않았다. 그렇다고 맛있는 커피먹기 혹은 놀러가기 등등 지출을 일절 안하고 회사도 안가자! 를 실천하기에는 지독하게 회사가기 싫은 이 순간에도 스타벅스 커피를 사먹는 내 자신. 소비 일절 끊기는 내 사전에 절대 불가능한 일이었다.

나만 그런 줄 알았는데 그게 아니었다. 옆에 있는 스트레스 안 받는 성격을 가진 내 베스트 프렌드 남편도 일요일 저녁은 굉장히 다운되어 있고 유독 우울해 보였다. 그래서 회사에 출근하는 모든 직장인은 어떤 생각으로 회사에 다닐까? 나랑 비슷한 생각을 가진 사람이 한 명이라도 있을까? 늘 궁금했다.

이 책은 항상 퇴사의 꿈을 가지고 있지만 출근만 주구장창 해대는 나의 매일 매일, 그리고 지겨운 직장 생활에서의 마음 기록을 담고 있는 책이다.

출근 전에 오는 심적인 압박을 정말 날것의 상태로 어딘가에 푸념하고 싶고, 퇴사하고 싶다고 말하고 싶어서 '퇴사준비 N일차' 라고 제목을 붙여 기록하기 시작했다. 그런데 놀랍게도, 100일간 기록하는 동안 퇴근 후의 저녁 시간이나 주말 시간 등 각 시간을 대하는 나의 마인드가 차츰 변화하고 발전하기 시작했다.

글로 풀어내 본 방법이 꽤 괜찮았는데, 결과적으로 일요일 저녁에도 다음 날 출근한다는 스트레스를 덜 받고 온전히 주말을 즐기게 됐달까….

나처럼 겉으로는 멀쩡하고 회사를 잘 다니고 있는 것처럼 보이지만 당장이라도 관두고 싶은, 지독히도 출근하기 싫은, 하지만 월급은 원하는 이중적인 마음을 가진 사람들에게 이 기록이 '내가 이상한게 아니구나! 모든 직장인이 공통으로 가지고 있는 마음이구나'라는 위안을 건네길 바란다. 또 '이런 마음을 가지고 있는 사람도 있네'라는, 평범한 직장인을 알 수 있는 책이 되었으면 좋겠다.

From. 나꼼지

이제는 퇴사준비 할 '차례'

+ 회사에서 생긴일 +

퇴사준비 1일차 월요일
월요일은 힘들어,, 근데 내가 하고싶은건 뭐지?

09:15 am 월요일 아침은 늘 힘겹다. 일요일 오후 6시만 되면, 내일 회사 가야 한다는 생각이 나를 지독하게 옥죄어온다. 일요일 밤. 내일 출근하기 싫은 마음에 새벽 한 시까지 웹툰을 보다 잤더니, 월요일 아침에 눈 뜨기가 너무 힘들었다. 그런데도 일요일 저녁으로 돌아간다면 나는 똑같이 늦게 자겠지.

월요일 아침. 힘겹게 눈을 떠 짜증 지수 9999%로 회사를 가는 오늘, 머릿속엔 회사 가기 싫다는 생각뿐이다. 회사 통근버스조차도 타기 귀찮아 택시를 타고 출근하는 아침. 왜 월요일은 다른 요일에 비해 유독 힘들까?

어제 늦게 자서 그런지 눈도 안 떠진다. 출근하기도 전에 퇴근하고 싶은 매직.

출근해서 자리에 앉으면 '월요일 아침만큼은 아무도 나한테 말을 걸지 않았으면 좋겠다.'라는 작은 바람이 있다. 솔직히 월요일 아침 9시부터 점심 먹기 전 12시까지 '오전 3시간은 업무 얘기 절대 안하기'라는 조직 문화를 만들자고 건의하고 싶을 정도다.(월요일 아침에는 합법 아니냐구요)

12:11 pm 정신없이 일하다 보니 어느새 점심시간. 점심시간에 항상 남편을 만나서 같이 점심을 먹는데 이때만 좀 숨통이 트인다.

오늘 점심시간 일정은 4주마다 가는 공황 관련 약을 타러 병원에 가는 것. 요새 약의 용량을 좀 줄이고 있다. 약을 타러 가는 날에는 항상 병원 옆 컵밥 집에서 매운 컵밥을 먹고 회사로 돌아가는데, 매운걸 먹으면 서터레서* 가 좀 나아지는 거 같기도 하다.

지금 컵밥 집엔 방학 시즌이라 그런지 학생들이 대다수인데, 주요 대화 주제는 취업이다. "00대학교, 00과를 나와서 00항공 취직을, 연봉이,,(어쩌고 저쩌고)"

옆 테이블 얘기를 남몰래 들으면서 '나도 취직에 한참 관심 많을 때가 있었지' 라는 생각을 했다. 그땐 취업이 뭐 그렇게 큰일이라고 친구들보다 늦어지는 취업 시기 때문에 안달복달했는

* 서터레서 = 스트레스   17

지, 그럼에도 과거의 나에게 수고했다고 갑자기 칭찬해 주고 싶다.

　그렇게 갈망하고 원하던 회사였는데 지금의 나는 왜 이렇게 퇴사하고 싶어서 안달인지 정말 모르겠다. 하루살이처럼 하루하루를 겨우 버티고 견디는 나와는 대조적으로, 회사를 무난히 잘 다니고 일을 재밌어하는 내 친구들을 보면 어떻게 그게 가능한지 신기할 따름이다.

　왠지 나는 그들과 다르게 무난하지 못한 거 같아서, 하고 싶은 건 왜 이렇게 또 많고 많아서, 어른이가 된 지금도 내가 진짜 원하는 게 무엇인지 잘 모르겠는, 그런 슬픈 생각이 문득 들었다.

퇴사준비 2일차 화요일

주말이 너무나 멀어 보이는 한숨만 나오는 화요일

09:44 am 매주 화요일 아침 10시는 매주 한번도 빼먹지 않고 열리는 정기 회의가 있는 날, 그래서 화요일 오전은 눈코 뜰 새 없이 바쁘다. 회의자료는 또 왜 이렇게 많이 써야 하는지, 회의자료 정리만으로도 한주가 다 갈 것만 같은 하루의 시작이다.

14:00 pm 회의에 치여 허덕이다가 점심을 먹고 나서야 숨 좀 돌릴 짬이 난다. 하지만 꼭 머피의 법칙 마냥 숨 좀 돌린다 싶으면 바로 바빠진다. 법칙이 있는 게 분명하다. 숨도 돌리지 말고 일하라고, 나를 바쁘게 굴리려고 하는 회사. 분명 어딘가에서 날 보고 있는 것 같은 느낌이 든다.(놀지 말고 일하라고)

바쁨에 치여 주말만 기다려지는 화요일 오후지만 아직 주말이 되기는 너무 멀어서 한숨만 나온다.

힘든 현실을 잊고자 내 머릿속을 온통 여름 휴가 생각으로 가득 채워 본다.

19:47 pm 화장실 안은 각박한 회사생활 도중 아무런 눈치 보지 않고 잠깐 쉬는 휴식 타임이다. 지금은 저녁 7시 47분, 야근 중으로 아직도 퇴근을 못 했다. 젤리를 질겅질겅 씹으며 한숨만 푹푹 내쉬는 힘겨운 화요일이다. 화장실에서 쉬고 있을 게 아니라 택시 타고 빨리 퇴근해야겠다고 생각을 했다.

근데 우리 부서 사람들 다 퇴근 안 했는데, 나만 먼저 홀랑 가도 되나? 라는 내적인 외침이 울리는데, 에라 모르겠다. 알아서들 가겠지, 나라도 살고 봐야지 라는 생각으로 일단 퇴근하고 봐야겠다.

열심히 눈치 안테나 돌리며 무사히 퇴근!

퇴사준비 3일차 수요일

내가 진정 원하던 삶이 이런걸까

09:00 am 몸이 미치도록 힘겨운 오늘은 수요일이다. 아직도 수요일이라고?? 라고 생각하니 출근길 발걸음이 더욱 무거워졌다. 덥고 습한 공기 때문인지는 모르겠지만, 숨이 탁 막혀온다. 갑자기 배도 아픈 거 같고 역시 만병의 근원은 회사인 걸까?

진짜 주 4일제 시행 왜 안 하는지 의문이다. 수요일은 공휴일로 지정해서 쉬면 월요병도 덜할 것 같고 여러모로 좋을 것 같은데 말이지. 몸이 너무 힘겨워서 비타민을 먹었으나 별 효과가 없는 듯하다. 역시 모든 피로의 원인은 회사밖에 없다.

11:30 am 오전 업무 시간이 속절없이 지나가고 정신 차려보니 벌써 점심시간이다.

오늘은 점심을 먹다가 문득 한국은 교육 방식이 어릴 때부터 하고 싶은 것보단 공부를 우위에 두는 거 같다는 생각을 했다.

초등학교 때 : 100점 맞으면 아이폰 사줄게
중학교 때 : 전교 20등 안에 들면 갖고 싶은 거 사줄게.
고등학교 때 : 서울대학교 가야지. 대학 간 다음에 너 하고 싶은거 해
대학교 때 : 좋은데 취직해야지. 취직한 다음에 하고 싶은거 해도 안늦어.

취직 후 : 다 그러고 살아.

안정적인 수입 보장되는 직장, 이곳을 다니려면 내가 진짜로 하고 싶은 걸 포기해야 한다. 직장과 하고 싶은걸 다 하고 사는 삶은 절대 병행이 불가능했다. 시간도 없을뿐더러 하루하루 먹고살기도 바쁘고 힘들기 때문이다. 이게 맞는 건가? 이게 진정 내가 원하던 삶인가? 꿈에 대한 타의적 포기(?)는 때때로 직장생활을 하는 데 예상치 못한 손님처럼 수시로 날 찾아와 계속 나에게 물었다.

이게 정말 너가 원하던 삶이 맞냐고.

퇴사준비 4일차 목요일

챗바퀴 사고, 회사가 그럼 그렇지

<u>12:00 pm</u> 어제 너무 생각이 많았나 보다. 현재 사는 삶에 대해 현타가 왔다. 현생*이 너무 짜증나고 우울해서 어제 퇴근하고 남편이랑 오랜만에 와인을 먹었더니, 오전 내내 술이 덜 깬 채로 근무했다. 날은 또 왜 이리 더운지…

하지만 한 가지 희망은 오늘이 드디어 목요일이라는 점, 주말이 코앞이다.

이틀만 버티면 되는데 정말이지 평생 먹을 수 없는 당근 마냥, 매번 새로운 한주가 시작할 때마다 주말만 보고 월화수목금 힘겨운 회사생활을 참고, 또 다음 주가 되면 똑같이 주말만 보고 월화수목금 참고, 마치 챗바퀴를 도는 다람쥐 마냥, 항상 똑같은 한 주를 시작하는 사고회로가 이래도 되나 의문이 드는 오늘은

* 현현생 = 현재 생애, 현재 삶

23

목요일이다.

　12:30 pm 오늘의 사내식당 점심 메뉴는 소고기쌀국수, '쩝.. 밥은 잘 주네.' 라는 생각을 했지만, 그마저도 맛은 없었다는 결론 ^^ 레몬 맛만 대차게 났다.
　어휴 !! 회사가 그럼 그렇지..^^

　맛도 없고 배도 안 찼는데 분노만 가득 차올라서 매점에서 소시지를 하나 사서 질겅질겅 씹는 중이다.

퇴사준비 5일차 금요일

직장 내 쇼핑은 숨구멍

08:45 am 오늘 금요일 맞아? 라고 할 정도로 실감이 안 나는 오늘 아침. 어제 너무 잠을 얕게 자서 피곤한 아침이다. 금요일이 되니까 체력이 부쳐서 그런지 굉장히 힘들긴 한 거 같다.

출근 때려 치우고 어디 가서 뜨거운 물에 푹 담그고 세신이라도 받고 싶은 심정이다. 하지만 현실에 순응해서 퀭한 눈을 하고 회사 출근하는 셔틀버스에 탑승했다.

09:25 am 사무실 들어가기 싫어서 잠깐 회사 복도에서 숨돌리는 중. 숨을 후 하 후 하 하고 들이쉬고 내쉬고 하니 사무실에 들어갈 용기가 생겨서 발걸음을 옮겨본다. 분명 들어가자마자 누군가가 날 찾겠지, 라는 무서운 생각을 하며.

11:45 am 정말 오늘도 눈코 뜰 새 없이 바쁘던 오전 업무

시간이 후딱 지나고 어느새 점심시간이다. 점심시간이 되고 나서야 금요일이 맞긴 하구나..? 라고 기분상 체감을 하며 좀만 더 버텨야지 라고 생각했다!

12:18 pm 점심시간 틈을 타 새로 시작한 취미인 발레를 위해 발레복 쇼핑을 열심히 하는 중. 숨막히는 회사생활을 적당히 잘 이어 나갈 수 있는 방법 중 하나는 쇼핑을 하는 것. 왠지는 모르겠지만 무언가를 구매하고 나면 조금 꽉 막힌 무언가가 해소되고 힘이 샘솟는 것 같기도 하다.

18:16 pm 오늘도 역시 눈코 뜰 새 없이 바빴지만 드디어 퇴근!! 와!! 드디어 기다리고 기다리던 주말이다!!

퇴사준비 6일차 월요일

지금 이순간도, 지나면 돌아오지 않을 소중한 시간

09:00 am 다시 출근하러 가는 쳇바퀴 같은 삶.

갑자기 오늘은 문득 그런 생각을 했다. 지금 퇴사준비 하는 것, 물론 아직은 회사에 출근하고 있고, 이직해 볼지 정말 내가 새로운 분야로 도전해 볼지 모든 것이 불투명하고 정확하게 정해지진 않았지만, 뭘 하든 간에 이왕이면 즐겁게 하자! 라고. 계속 마음을 단단하게 단련하고 긍정적으로 생각하려고 노력하고 있다.

'나는 퇴사준비를 하고 있다. 언젠가는 출근한다는 사실조차도 다시 지나면 안 돌아올 시간이다. 회사에 가는 것도 남편이랑 같이 일어나 함께 출근 준비를 하고, 함께 점심 먹고, 함께 시간이 맞으면 같이 퇴근하고, 함께 수영하고, 나름 적막한 회사 생활에서 이런 자잘 자잘한 행복들도 있는데, 짜증 더미에 묻히지

않게 그렇게 긍정적인 방향도 한 번 잘 생각해보자.'

좋은 마음을 글로 쏟아내고 나니까 정말로 한결 마음이 가벼워졌다. 긍정적으로 월요일 아침 출근을 하는 나 자신, 대단하다!

12:00 pm 어느새 점심시간, 아침에 소확행을 느끼고 생각해보자는 마음은 어디론가 찾아볼수 없이 증발해 버렸다. 항상 남편이랑 점심을 먹는데, 매번 내가 언제 먹냐고 먼저 물어봐야지 남편은 그제야 점심 먹으러 가자고 하고. 자꾸 수동적인 태도를 가지는 남편을 보며 가끔은 나랑 점심 먹기 싫은건가? 라는 생각이 든다. 짜증이 난다! 먼저 몇 시에 먹자고 하면 어디 덧나나?

앞으로 또 이러면 그냥 남편 버리고 혼자 점심 먹으러 가야겠다.

퇴사준비 7일차 화요일

후회 없이 인생 살기

09:00 am 오늘 뭔가 기분 환기가 잘됐다. 어이없는 웃긴 사건이 있었기 때문. 아침 7시 30분에 기상해 회사 수영장으로 8시까지 출근했고, 수영장에 8시 10분에 들어갔다. 각자 씻고 수영장 안에서 항상 남편이랑 만나는데, 오늘따라 아무리 기다려도 남편이 오지 않았다. '왜 수영장에 없지?'라고 생각하다가 혼자 50m 라인에서 수영하고 샤워실 들어가서 씻고 머리를 말리는데 남편한테 장문의 메세지가 와 있었다.

> 수영복 입다가 갑자기 화장실 가고싶어서 화장실 갔는데
>
> 사람들이 줄을 너무 길게 서있었어
>
> 화장실 갔다가 수영장 다시 갔는데
>
> 8시 47분에 들어갔거든
>
> 근데 꼼지가 없길래 그냥 샤워만 하고 나왔어

결국 결론은 화장실 가서 큰일 해결하고 샤워만 하고 나왔다는 남편.. 정말 그의 민감한 대장 문제는 삭막한 화요일 아침에 너무 어이없게 웃긴(?) 신선한 유머였다.

11:50 am 아주 재미있는 오전 수영을 마친 후 회사로 출근하니 9시 30분이었는데, 회의가 10시부터 시작이라 메일 읽고 10시 회의 들어갔다 나오니 벌써 점심시간이다.

우리 섹션의 섹션장인 부장님은 정말 내가 여태 회사에서 본 부장님 중에 단연코 가장 좋은 분이라고 자신하는데, 회의 다 끝나고 이런 말씀을 하셨다.

"다들 여름휴가 안가요? 안 갔으면 얼른 여름휴가 가고. 우리 부서 제일 바쁜 거 알고 있고 계속 윗분들께 말씀드리고 있는데 조만간 팀장님한테 말씀드릴 예정이니 조금만 같이 힘내보고. 이렇게 계속 회사 다니다 보면 어느새 나이 50은 훌쩍입니다. 그냥 즐겁게 일하고 회사 다녔지 이런 거 말고 정말 하고 싶은 거 마음껏 하고 후회 없이 인생을 사세요. 하고 싶은 거 뭐든 다 해보고. 다들 더 할 얘기 없으면 오늘 회의는 이만 마칩니다."

요즘 '내가 하고 싶은 것 찾기'에 혈안이 되어있는 나는 부장님이 하시는 이 말씀이 얼마나 감명 깊던지, 엄청나게 크게 와 닿았다. 부장님의 부서원을 생각해주는 그 진심과 따뜻함이 어느새 내 가슴에 울려 퍼졌다.

12:25 pm 그렇게 따뜻한 회의를 마무리하고 점심은 남편이랑 맘스터치, 후식으로는 쭈쭈바.

17:45 pm 일하다 보니 금방 퇴근이 다가왔다. 과로해서 그런지는 모르겠으나 눈이 충혈되고 계속 간지러워서 안과 가 본다 하고 일찍 퇴근했다.

오늘 하루도 무사히 지나갔다. 아직도 화요일이야? 라고 말하고 싶지만 그래도 나름 수목금 3일만 남았다고 긍정적으로 생각해보는 화요일 퇴근 후.

퇴사준비 8일차 수요일
수요일은 공휴일로 해주세요

08:00 am 오늘은 자꾸 아침 출근 알람도 울리기 전에 자꾸 깼다. 왠지는 모르겠는데 7시 10분 알람 울리기 전 6시 30분부터 최소 5번은 깬 거 같다. 잠을 제대로 못 자서 피곤한 건지 수요일이라 피곤한 건지 진짜 아무리 생각해도 수요일은 공휴일이어야 할 거 같은 아침.

10:32 am 어제 눈이 너무 따가워서 안과를 갔는데 결막염이라고 의사 선생님이 말씀해 주셨다. 어쩐지 아프더라.. 아픈 눈을 부여잡고 아침부터 회사에서 인공 눈물을 오지게 짜 넣고 있다. 피곤해서 방금 위장에 비타민도 때려 넣었는데 조금 괜찮아진 거 같기도..

어제 좋은 말씀을 해 주신 부장님이 내가 일하고 있을 때 진짜로 계속 도와주시겠다고 배우고 하시는데, 다른 일 안 하고 놀려고만 하는 부장님들과 비교되게 너무 멋지다.

정말 저 분은 본받아야 돼!

12:00 pm 어느새 또 점심시간. 모든 회사원들의 시간은 이렇게 속절없이 빠르게 지나가는 건가? 라는 생각이 든다.

어제 저녁에 일찍 퇴근한 기념 화이트와인을 먹었는데 그걸 또 회사 식당에서는 어떻게 알았는지 오늘의 점심 메뉴는 해장에 좋은 순두부찌개다. 별 기대 없이 먹었는데 맛이 괜찮군! 이라는 생각을 하며 순두부 한 그릇 뚝딱 호로록했다.

요즘 더워서 그런가, 세신 받고 싶다는 생각이 많이 난다. 때를 좀 밀어내야겠다 싶어서 세신 샵을 찾아보던 도중 집 앞 도보 10분 거리에 세신 샵이 생긴 걸 보고 가봐야겠다고 생각해 바로 예약 가능한 날짜를 찾아보는 나는 실천왕,,

그렇게 또 바쁜 오후를 보내다 오늘은 어찌나 일하기 싫던지 역시 수요일은 공휴일로 지정해야 한다고 생각했다. 거기에다가 더 싫은 점은 소규모 회식이 있다는 것.

19:30 pm 회식 때문에 업무 마무리하고 일찍 퇴근한 건

좋았지만 회식 가서 옷에 삼겹살 집 냄새 배는 건 너무 싫다. 고기도 너무 맛이 없었다. 얼른 집 가서 샤워해야겠다는 생각만 드는 회식 끝난 지금은 저녁 7시 30분.

퇴사준비 9일차 목요일
퇴근 후 연락은 하지 말아 주세요

08:32 am 벌써 또 목요일이라니 한 것도 없는데 이렇게 또 쳇바퀴처럼 빠르게 한 주가 굴러가는구나 라는 생각을 하는, 비가 많이 오는 오늘은 목요일. 출근하는 회사 셔틀버스에 앉다가 무릎을 박았다. 너무 아프지만 소리도 못내고 꾹 참았다. 기분도 안 좋은데 비까지 오니 아주 찜찜하기 그지없다.

11:44 am 출근했는데 아침부터 혼란스러웠다. 내가 업무 실수를 해서 사고친 줄 알고 혼란스러워하다가 사수 선배한테 말했더니 이것저것 알아보다가 내 실수가 아닌 걸로 결론이 났다.

근데 오전 내내 계속 멘탈이 나가서 심장이 쿵쾅쿵쾅하다 머리가 하얘졌고, 그렇게 넋이 나간 채로 업무를 진행하다 보니 어느새 점심시간이다.

<u>12:25 pm</u> 확실히 점심을 먹고 나니 그냥 '에라 모르겠다. 이미 벌어진 일 될 대로 돼라(포기)'라는 사고가 가능해졌다.

오지게* 현타 오던 오늘 하루, '이렇게 사는 게 맞는 걸까?'라는 또다시 찾아온 내 뇌 속 단골손님의 질문이다.

<u>20:10 pm</u> 결국, 우울을 참지 못하고 집에 가서 저녁에 펑펑 울었다. 힘든 하루를 버텨내고 간신히 집에 와서 울음을 참고 있었는데, 퇴근을 했는데도 집에 가서 업무 메신저 안 보냐고 사수가 쓴말을 했기 때문이다. 어차피 지금 메신저 본다고 해결될 일도 아닌데 꼭 지금 봐야 하나? 퇴근했으면 휴식을 해야지, 저렇게까지 조급하게 해야 하나? 해결이 되면 몰라. 어차피 해결이 안되는데? 퇴근 후 연락을 안 받았다는 이유로 무작정 나를 타박하는 사수가 전혀 납득이 가지 않는다.

엉엉 울면서 남편이랑 퇴사에 대해 진지하게 얘길 나누었다. 남편은 그냥 마음 건강을 위해 그만두라고 했다.

내 생각은 조금 달랐다. 그냥 무작정 그만두는 건 조금 두려운 것 같기도 하다. 근데 남편은 어디 믿는 구석이라도 있는지, 나의 어떤 부분을 그렇게 철썩같이 믿고 그만두라고 하는 건지,

* 오지게 = 엄청나게

"뭐라도 하겠지. 괜찮아."라고 말하곤 그냥 회사를 그만두라고만 한다. 앞으로 진짜 어떻게 해야 할까..?

퇴사준비 10일차 금요일

회사는 감정노동 99.9%

<u>09:09 am</u> 오늘 아침에는 끊고 있었던 공황 관련 아침 약을 새로 다시 먹었다. 어제의 여파가 너무 커서 심장이 너무 쿵쾅거렸기 때문이다. 오늘 저녁엔 힘든 나를 위해서라도 세신을 꼭 받아야겠다고 다짐했다.

요번 주는 정말 감정 소모가 많은 한 주이다. 직장인들이 괜히 감정 노동으로 월급을 번다는 말이 있는게 아니다. 그저께는 별로 안 친한 부장님이 퇴근하면 메신저 안보냐고 물어보고 그 뒤를 이어 어제는 사수가 퇴근하고 어떻게 메신저를 아예 안 보냐고 혼을 냈기 때문이다.

당연히 퇴근하면 업무 메신저는 안 보는 거 아닌가? 집에서 일할 것도 아니고, 본다고 해결 되는 건 없는데. 회사에 있을 때 업무 연락을 안 받는 것도 아니고, 퇴근 후에도 계속 메신저 왜 안보냐고 사수가 연락하니까, 그냥 회사 외에도 모두와 연락을 하기 싫어졌다. 일도 힘들고 이 모든 것이 다 겹쳐서 그냥 회사 자체를 관두고 싶어졌다. 다시 우울감은 올라오고 저런 날선 감정들은 날 너무 옥죄고 힘들게 한다.

09:39 am 그래서 오늘 아침도 출근 시간이 늦었다. 오전 9시 30분 출근. 그냥 현재 출근한 심정은 이거저거 하다가 빨리 퇴근해서 세신이나 받아야겠다는 생각뿐. 이토록 회사는 나의 정신건강을 해롭게 해서, 글을 쓰고 싶은 소설 주제가 있어도 이런 꽉 막히고 삭막한 환경에선 도저히 좋은 아이디어가 안 나와 글을 못 쓸 것 같다는 생각을 했다.

요번 주 마지막의 금요일 아침 기분은, 심장이 쾅 누가 내리친 것만 같고 모든 관계를 끊고 싶어서 업무용 휴대전화에 있는 카카오톡마저 탈퇴해 버렸다.
그렇게 힘든 심정으로 회사를 갔는데 사수가 미안했는지 뭔가 내 눈치를 보는 것 같았다.

11:58 am 그러든 말든 할 일 하다 보니 어느새 점심시간. 오늘은 남산 왕돈가스가 나왔다. 진짜 남산에서 먹던 맛과 같은

맛일까? 라는 생각을 잠시 했지만 역시 그 맛이랑은 달랐다. 근데 역시 잘 먹는 우리집 귀여운 돼지, 남편은 맛있다고 아주 한 그릇 깨끗하게 다 먹어 치웠다.

17:13 pm 그러고 사무실로 돌아와 바쁘게 일하다 보니 퇴근, 드디어 주말이다!! 1주일 동안 벼르고 벼르던 세신 받으러 갈 예정이다. 아주 시원하겠다는 기대 뿜뿜!

19:45 pm 목욕이 이렇게 더웠던가.. 세신 받는 내내 너무 더웠다. 그래도 다 씻고 나니까 정말 개운하고 좋았다. 친한 와인 셀러 분한테도 이 근처에 세신 잘하는 데 있다고 추천해줬다.

그렇게 세신도 다하고 집에 오는 길에 남편이랑 오랜만에 오붓한 저녁을 먹으려고 잔뜩 장을 봐왔는데, 남편이 퇴근 늦을 거 같다고 해서 장 봐온 음식 재료들은 고대로 있고 그냥 혼자 쓸쓸하게 맥주 하나 깠다.

원래 남편이랑 같이 먹으려 했지만, 회에 샐러드, 올리브 치아바타와 맥주 한 잔은 혼자서도 불금을 즐기기엔 더할 나위 없었다.

퇴사준비 11일차 월요일

웬일로 가뿐한 월요일

09:09 am 오늘은 월요일이지만 마음이 한결 가볍다. 왜냐하면 내일은 공휴일이기 때문! (8월15일) 얼른 끝내고 퇴근해야지 라는 마음뿐이다.

p.s 진짜 바쁘다가 퇴근했나 보다. 이렇게 글을 하나도 안 쓸 줄은.

퇴사준비 12일차 수요일

의지 박약

<u>08:00 am</u> 어제는 공휴일(광복절)이었다. 평일에 하루 쉬어 보니까 명확해졌는데, 진짜 한 주의 중간에 휴일이 있어야 되는 게 확실하다. 안 해주나 수요일 휴일..? 주 4일제 얘기는 예전부터 나왔었는데. 아무튼, 오늘까지 포함해서 수, 목, 금만 버티면 주말이다.

꿈만 꿨다 하면 영화같이 말도 안 되는 판타지 소설 같은 내용의 꿈을 꾼다. 빨리 글 써야 한다는 조급함이 무의식에 남아 그런 꿈을 꾸는 건가라고 생각했다.

오늘 아침에도 일찍 일어나서 글 쓰고 출근하려 했는데 처참히 실패. 잠이 퍼부어서 알람 끄고 다시 자 버렸다. ㅠㅠ 진짜 '이 의지박약!! 그래서 언제 퇴사할래?'라고 나에게 되물어본다.

회사에서도 틈틈이 짧은 소설을 써 보려 노력하지만, 각박한 회사 안에서는 도저히 창의적이고 긍정적인 글은 써지지 않는다 하하.

요즘 아침 날씨가 좀 많이 선선해졌는데, 태풍 탓인가? 신기하다. 8월인데 벌써 더위가 꺾이다니.

회사에 수영장이 있는데, 복지에게 해고를 안당하려면(?) 한 달에 일정 횟수 이상 출석을 해야 한다는 필수 요건이 있다. 요번 달 네 번 더 채워야 되는데.. 내일 아침이나 오늘 저녁에 꼭 가야지라고 생각한 미래의 나에게 수영 출석을 미뤄 버리는 수요일 아침이다. 참 오늘 저녁은 못 가겠군, 일찍 퇴근하고 안과를 가야 한다.

16:00 pm 근데 안과 못 갈거 같다.. 일이 바쁜데.. 갈 수 있을까? 안 되면 내일 가야지 뭐.. 안과 간다고 혼자만 나가기도 눈치 보인다.. 짜증이 치솟는다.. 내가 아파서 병원을 가야 해서, 일찍 퇴근 해야 되는데, 회사는 그마저도 눈치를 보게 하는걸까? 월급쟁이 서럽다 서러워.

18:00 pm 역시 안과는 못 갔고,, 내일은 기필코 안과를 가

야겠다. 오늘도 너무 정신없던 회사에서의 하루였다. 시간이 지나면 지날수록 회사와 기묘한 거리감이 드는 게, '이 생활은 정말 아닌 거 같은데..'라는 생각을 많이 하는 요즘이다.

오늘은 진짜 아가리 글쓰기, 아가리 퇴사어터가 아니라 진짜로 집 가서 뭐라도 좀 해 봐야겠다.

p.s 사실 직장인들은 퇴근하고 뭐가 됐건, 뭐라도 시간을 내서 저녁 휴식 시간을 투자하는 게 제일 힘들지 않나요..? 저는 왜 그렇게 힘들까요.

퇴사준비 13일차 목요일

병원 갈 때도 눈치를 보면서 퇴근하는 불쌍한 직장인

08:00 am 결국 어제 저녁에 아무 것도 못했다. 한 건 있지만 뭐랄까,,

어제 저녁 일과 : 엄마와의 통화 1시간 후 고모와의 통화 1시간 30분

저녁에 갑자기 와인을 먹고 싶어서, 혼자 홀짝홀짝 먹다가 와인에 쩔어서 통화했는데 뭔 수다를 그렇게 떨어 댔는지 기억도 안 난다. 그냥 술 한 잔 하면 나의 굳은 뇌가 말랑해질 거 같아서 한 잔 먹었건만 결과는 수다뿐. 글을 쓰려고 마음을 다잡으니 역시 평일에는 긴장감 속에서만 살아서 그런지, 영감이 도무지 떠오르지 않았다. 내일 갈 회사 걱정하기 바빠서 생각이 안 났던 걸까.

출근길. 너무 더운 나머지 또 택시를 타 버렸다, 돈 아껴야 되는데!!!!!!!

12:00 pm 어제 너무 많이 마셨나 오늘 오전 시간이 너무 힘들었다. 남편 말로는 어제 잘 때 잠꼬대로 빙수 먹고 싶다고 노랠 불렀다고 한다. 빙수가 얼마나 먹고 싶으면 잠꼬대로 빙수 얘기를 했는지, 주말에 남편이랑 빙수 먹으러 가야겠다.

그래도 오늘은 목요일이니까, 딱 하루만 더 버텨볼라고 마음을 먹었다.

18:00 pm 또 정신없이 일하다 보니 어느새 퇴근. 별로 딱히 한 건 없는 것 같은데 왜 이렇게 시간은 빨리 가는지 의문이다. 오늘은 진짜 안과를 가야 하기 때문에, 누구보다 재빠르게 퇴근해 버렸다. 병원 문 닫을 까봐 마음 노심초사하면서 안과에 무사히 도착ㅜㅜ 직장인이란 회사 끝나고 안과 가기도 버겁다. 아파서 병원가는 건데 눈치를 보며 퇴근을 한다는 상황은 기분이 썩 좋진 않다. 회사 끝나고 병원 문 닫을까봐 노심초사 하며 바삐 가야 하는 것도 싫고, 그게 아니면 미루고 미루고 미루다 주말에 가는 것도 내 몸한테 미안한 기분까지 든다.

회사의 가장 큰 단점 중 하나는, 은행이나 공공기관 병원

등을 가는 시간의 제약이 너무 큰 것이다.

어느 머나먼 미래엔 거의 대부분이 재택근무를 하고 회사가 나름 변하지 않을까,,? 라는 생각을 했다. 그땐 난 이미 회사에 다니지 않고 있겠지.. 할머니가 되었다거나..

퇴사준비 14일차 금요일
만감이 교차하는 금요일

<u>08:00 am</u> 드디어 기다리고 기다리던 금요일인데 전혀 금요일 같이 느껴지지 않는 아침이다. 요번 주 내내 너무 바빠서 몸도 마음도 지쳤고 너무 버겁다. 요새 왜 자꾸 꿈을 꾸는지 자는 게 자는 것 같지도 않고..

오늘 저녁에는 금요일을 보다 완벽하게 마무리하는 방법 중 하나인 〈하트시그널〉 시청하기' 일정이 있다. 남편이랑 일종의 한 주의 소확행이랄까? 사실 팝콘 먹으면서 쇼파에 앉아서 남편이랑 둘이 보고 싶은데, 제대로 볼 수 있을진 잘 모르겠다. 지금은 진짜 너무 피곤해서 냅다 9시에 자고 싶은 마음 뿐이라.. 잠을 못 잔 이유 중 하나는 남편의 코골이 소리도 한몫했다. 남편의 신명나는 코골이 소리는 코를 막아버리고 싶을 정도로 자는 내내 진짜 너무 시끄러웠다. 오늘은 정말 여러모로 너무 피곤한 한 주

의 마지막이다.

오늘 시아버지 생신이라, 생신 축하드린다고 카톡을 해야되는데 무섭기만 하다. 카톡을 보내면 주말에 밥 같이 먹자고 할까 봐 덜컥 겁이 났다. '정말 만나자고 말씀하시면 또 뭐라 하지? 요번 주 내내 너무 힘들었는데.. 너무 피곤해서 주말 이틀 그냥 널브러져서 푹 쉬고 싶은데.' 갑자기 답답함이 속에서 확 올라와서 숨쉬기가 힘들었다.

09:00 am 수영을 하니 답답한 마음이 한결 나아졌다. 역시 사람은 운동을 해야 돼. 스트레스 해소가 되긴 하나 보다. 수영은 진짜 가기까지는 정말 너무 귀찮은 운동인데, 막상 그걸 참고 수영을 하고 나면 몸도 뽀송하고 너무 상쾌하기 그지없는 운동이다.(운동하고 마음이 한결 가벼워져서 생신 축하드린다고 카톡 드렸더니 예상 외로 시아버지는 주말에 푹 쉬라고 하셨다.)

19:00 pm 오늘도 정신없이 바쁜 하루였다. 역시 엄청나게 바쁘다가 퇴근하는데, 정말 우연히 한 재즈바에서 알게 되어 친해진 한 드러머님한테서 연락이 왔다. 재즈바에 갔을 당시 그분이 연주를 너무 잘하셔서 뚫어져라 쳐다봤는데, 연주 끝나고 테이블로 오셔서 감사하다고 말해 주시고 그러다가 스몰톡 하게 되

서 인스타도 맞팔하고 친해진 분이다. 우연히 디엠으로 내 최애가 〈Take Five〉라는 재즈곡이라고 했더니 연주해 주겠다고 놀러 오라고 하셨다.

팍팍한 금요일 지친 몸을 이끌고 퇴근하다가 별안간 감격 대잔치 ㅠㅠ 오늘 당장 달려가고 싶었지만, 퇴근이 늦어서 못가고 9월 공연 꼭 가겠다고 했다.

(,,ㅜㅜㅜㅜㅜㅜㅜㅜㅜㅜㅜ 감격중..)

갑자기 너무나도 지쳐버린 하루에서, 공연 못가서 너무 너무 아쉬운 에너지 넘치는 금요일 저녁으로 바뀌던 순간이었다.

퇴사준비 15일차 일요일
감정 비우기에 도움이 되는 진짜 청소

09:00 am 오늘은 일요일이지만 마음이 답답해 퇴사준비 일기를 기록중인 핸드폰을 꺼내 들었다. 어제 친구들 모임을 갔는데 묘하게 소외감이 느껴졌다. 아무런 일도 없었는데! 생리해서 그런건지, 오늘따라 유독 기분이 센치하고 울적하다.

10:30 am 씽크대 쪽에 쌓여있는 정돈 안 된 과자들이 신경 쓰여서, 주말 아침부터 거진 1시간 동안 청소를 했더니 어느새 묵은 감정들이 싹 내려갔다. 때론 청소도 생각 비우기에 참 좋은 방법인 것 같다.

즐거운 주말. 날은 화창하고 집은 깨끗하고, 다시 기분이 좋아졌다! 역시 주말엔 집이 깨끗해야 돼

퇴사준비 16일차 월요일

이미 하루에 퇴사 2번 한 내 머릿속

<u>08:30 am</u> 오늘 너무 힘겹다. 원래 7시에 수영 갔다가 8시에 출근하는 게 내 계획이었는데, 역시 말도 안 되는 계획이었다는 걸 오늘 아침에 깨달았다. 어제 일찍 잤는데 피곤 그 잡채*.. 그렇게 8시 반에 눈을 떴는데 진짜 누워서 10분 동안 '오늘 당일 돌발 휴가를 갈겨야 할까..'라는 생각을 했던 월요일 아침이다. 그래도 요번 주 목요일부터 일요일까지는 3박 4일 제주도 가니까, 월, 화, 수만 버티면 돼.. 하고 토닥이며 일어나는 월요일 힘겨운 아침..(몸도 지치고 마음도 지치고 내 모든 에너지가 방전된 거 같아서, 미루고 미루던 여름 휴가를 가기로 했다.)

출근하는 와중에 영어 듣기를 하는데 에어팟 한 짝이 고장이 났는지 갑자기 아무 소리도 안 나온다,, 에어팟 너까지 왜 이래 너도 방전된 거니..?

*그 잡채 = 그 자체

월요일 아침은 모든 게 안 좋다. 속도 쓰린 거 같고 기분도 안 좋고 몸살난 거 같고, 아직 출근 전이지만 벌써 퇴근하고 싶은 매직.

12:00 pm 벌써 또 점심시간인가. 시간 너무 빠르다. 어제부터 계속 생리 중인데, 진짜 생리통 심한 날은 회사고 뭐고 그냥 모든 걸 다 때려치우고 싶다. 이미 상상 속에 퇴사한다고, 퇴직 면담한 후에 돌연 퇴근해버린 나의 모습이 떠올랐다. '진짜 자궁 너 미친 거 아니니?' 생리통은 왜 이렇게 아픈 건지 거의 이 정도면 추성훈이 샌드백으로 내 자궁을 치고 있는 것 같은 그런 느낌이다….

와중에 점심 메뉴는 월급날이라 LA갈비가 나왔다, 참 밥은 잘 준단 말이지;

16:00 pm 일하다가 사수가 "너 오늘 숨도 안 쉬고 일한다."라고 하길래 너무 욱해서 "왜 그럴거 같아요? 너 당신이 일을 안하기 때문이잖아요!!!"라고 굴뚝같이 말하고 싶었지만, 꾹 참았다. 도대체 왜겠어요? 그쪽 일 제가 다하고 있잖아요. 진짜 월급 주는 만큼 일해야 되는 거 아닌가? 내가 도대체 왜 저 월급 많이 받는 놈 몫까지 이 일을 하고 있지? 또다시 '욱'이 올라왔다. 상상 속에 나는 이미 책상 뒤엎고 못 하겠다고 그만둔다고 사표

던지고 나오는 장면이 다시 지나갔다. 그냥 당장이라도 내일 바로 연차 갈겨 버리고 싶은 심정이었다.

너무 짜증나서 하하^^ 멋쩍은 웃음 갈기기. 단 두 글자만 말한 다음엔 한 마디도 안하고 일만 했다.

19:00 pm 남편한테 우울하다고 했더니 남편이 같이 퇴근 하재서, 일이고 뭐고 남편이랑 그냥 퇴근 때려 버렸다. 그지같은 너무 짜증나는 회사. 퇴근길에 돌연 이런 삶을 사는 내가 불쌍해져서 눈물이 그렁그렁 맺혔다.

퇴사준비 17일차 화요일

최고의 다이어트 방법은 긴 회의에 참가하기

08:45 am 정말 눈 뜨기 힘들었다. 요새는 왜 이렇게 전날에 일찍 자도 다음날에 눈뜨기가 힘든 건지..

오늘 아침엔 꼭 수영을 가려고 했으나, 결국 못 갔다..ㅜㅜ 그렇게 수영 없이, 이어폰도 없이 출근하는 적적한 화요일 아침. 이어폰을 잃어버린 지 오래다. 2주 동안 집안 온갖 곳곳을 찾아다녔으나 없다!!!

오늘은 진짜 이어폰 사야지.. 어제 사려고 했는데 돌연 매장이 휴점이어서 엥? 하고 못 사고 돌아왔다.

출근도 싫은데, 출근길의 귀도 아주 심심하기 짝이 없다. 오늘 출근길도 왜 이렇게 숨이 막히고 답답한 건지, 목요일에 일찍 퇴근하고 금요일 휴가니까 오늘하고 수요일 딱 이틀만 나가면 된다고 생각하는데도 왜 이렇게 힘든 건지 가슴이 답답하기만 한 화요일 출근길이다.

<u>10:00 am</u> 매주 화요일 오전 10시에는 지루한 회의가 있다. 이 회의는 장장 1시간 20분 동안 진행되는데, 시간이 지나면 지날수록 회의를 진행하는 동안 점점 나를 깡말라 가게 하는 것 같다. 실제로 회의 내내 볼이 푹 패이고 살이 쭉 빠지는 기분이 든다. 에너지를 쭉쭉 뺏기는 회의에서 잠시 벗어날 곳이란, 내 차례가 아닐 때 다른 생각 하는 방법뿐이다. 그 방법만이 유일하게 그 회의시간에서 잠시 벗어날 수 있는 길.

<u>12:05 pm</u> 항상 화요일 회의가 끝나면 어느새 점심 입맛이 뚝 떨어진다. 절로 다이어트가 되는 화요일 회의, 그래서 그냥 점심을 안 먹고 대충 테이크 아웃을 했다.

<u>19:00 pm</u> 겁나 바쁘다가 어느새 퇴근 미쳤다!! 저녁 7시 퇴근이긴 하지만, 오늘은 꼭 잃어버린 내 귀를 채우기 위해 에어팟 3세대를 살 것이다. 집 가기 전에 스타벅스도 들러서 맛있는 커피를 사갈 것이다. 꼭..

요즘은 매일 퇴근할 때 "내일 아침엔 꼭 수영 가야지!" 라고 다짐만 하는데 과연 내일 아침에는 수영을 갈 수 있을지? 두둥

To be continued

퇴사준비 18일차 수요일

하루 24시간은 부족해

08:30 am 역시 오늘 수영을 못 갔다. 비루한 변명을 대자면, 아침에 눈 떴는데 비가 오길래 '아.. 오늘도 못가겠군. 잠이나 자자..' 하고 다시 잤다. 내.. 내일은 꼭가야지!..

집에 있던 따뜻한 소금빵을 들고 출근하는 길. 오늘은 회식이라 다들 일찍 갈 거니까 나는 회식 안 가고 일찍 집에 갈 거고, 내일은 일찍 퇴근한다고 말해뒀으니 오늘 하루만 버티면 된다.

진짜 직장인들은 이렇게 하루살이처럼 하루하루 버티며 사는 걸까? 회사가 주는 월급에 그냥 그저 그 월급날만을 기다리며 소중한 하루하루를 떠나보내는 게 맞는지 의문이다. 나는 왜 이렇게 시간 낭비 같다고 생각이 드는걸까. 지금 이 시간, 지금 내 나이는 지나면 돌아오지 않는 귀한 시간인데, 회사에 있는 8~10시간이면 다른 것, 내가 공부하고 싶은 음악이나 글쓰기를 더 할 수 있는데.. 라는 생각을 떨칠 수가 없다,, 그렇게 오늘도 의문 한 아름 한가득 안고 또다시 똑같이 출근을 하는 길이다.

어제 저녁에 에어팟 3세대를 사려 했으나, 품절이라는 매장의 비보를 듣고 슬퍼했는데, 남편이 어느새 당근에서 새 제품 미개봉 상품을 알아보곤 사다줬다! 오늘부터 나는 생 귀가 아니다 얼른 출근길에 짬내서 영어 공부 해야지. 정말 하루 24시간은 부족하다.

15:00 pm 〈Two of us〉라는 노래를 들으며 평가를 하고 있는데 역시 일에는 노동요지! 한결 마음이 가벼워진다. 회사에서 모두가 메신저로만 말하고 각자 음악 들으면서 일했으면 좋겠다. 다들 한결 마음이 편해질텐데.

19:00 pm 너무 몰두해서 일했더니 어지럽다. 역시나 오늘도 정신없이 일하다가 청첩장 모임이 있어서 또 정신없이 퇴근하는 불쌍한 직장인의 삶

퇴사준비 19일차 목요일

점심시간은 제 마음대로 할래요

08:30 am 벌써 목요일이다. 오늘은 일찍 퇴근하고 제주도로 떠나는날! 아직 쉰다는 게 안 믿겨지고 어제 짐 싸느라 새벽 12시쯤 자서 피곤해 죽겠다라는 생각뿐. 아무래도 오늘은 너무 피곤해서 아침 먹고 피로 회복에 강력한 비타민을 먹어야겠다. 아, 출근하기싫다. 일주일 중에 육체적 피로도 최상인 요일은 아무래도 목요일이 완승인 것 같다. 그런 의미에서 택시로 출근하는 방법을 택했으나 차가 겁나 막힌다.

14:00 pm 매일 점심을 남편이랑 먹는 걸 아시는, 내가 좋아하는 부장님이 갑자기 한 질문을 하셨다.

"남편이랑 아침도 먹고 점심도 먹고 저녁도 먹어? 그렇게 좋아? 점심은 다른 사람들이랑 먹지."

나는 대답했다.

"네! 그 정도로 좋아요."

그러자 허허허하고 호탕하게 웃으시더니 "그렇게 좋대.."
하고 가셨다. 사회생활 안 하냐고, 부서 사람들이랑 밥 왜 안먹냐
고 말씀하시려고 했을까? 나는 점심시간만이라도 숨통이 트이고
싶은데.

아마 '너 참 그때가 좋을때다.'라고 생각 하셨겠지? 라고 짐
작하고는 쓸데 없는 잡생각은 치웠다.

퇴사준비 20일차 일요일

눈앞이 아득하고 캄캄한 일요일

21:00 pm 목요일 저녁부터 일요일 오늘까지 제주도로 잠시 여행을 다녀왔다. 도대체 여행 가 있을 때 시간은 어찌나 빨리 가는지, 또 갔다 와선 어찌나 공허하고 허탈한지.. 이 답답함과 공허함을 메꾸기 위해 다독이는 생각은 다음 번 여행은 어떡할지 생각뿐이다.(집 가서 다음 번 여행 계획 짜야지!ㅠㅠ)

또 내일부터 일상으로 돌아가, 출근해서 이상하고 힘든 평일을 버틸 생각을 하니 벌써부터 눈앞이 아득하다.

진짜로.

퇴사준비 21일차 월요일

내 자아는 진짜 어디에?

<u>08:00 am</u> 항상 눈앞이 아득한 월요일 출근길이다

월요일 아침 눈 뜰 때면 '하.. 오늘 휴가 쓸까..'라는 생각이 백만 번 든다. 정말 거짓말 안 하고 백만 번.

그래도 어떡해.. 회사 가야지.. 라고 마음을 다잡고 침대에서 일어나기 너무 힘들었는데 없는 힘을 쥐어 짜내서 화장실로 가 초점 없는 눈동자로 화장실 앞 바닥에 철푸덕 앉아 이를 닦는다.

<u>08:10 am</u> 세수하고 나니까 좀 정신이 깼다. 화장대 앞에서 썬크림을 벅벅 바르며 회사는 참 경제적인 안정감과 약간의 여유를 주는데 내 젊음, 돌아오지 않는 시간 자체를 회사에 소비 하는 게 맞는 선택인지 의문이 든다. 항상.

옛말로 한시라도 젊었을 때 해라, 젊었을 때 해야지 나중에 언제 해 이런 말이 많은데, 지금도 이미 나이를 먹었는데, 정말 내가 원하는 건 언제 해보지? 내가 진짜로 하고 싶은 건 뭐지? 라는 생각이 마구마구 든다. 내 자아(?)를 포기한 경제적 안정감, 이게 맞나? 아무래도 아닌 거 같은데,,

사무실 들어가기 직전 오늘 저녁엔 꼭 이거 해야지 저거 해야지 항상 다짐하는데 막상 퇴근하면 진이 다 빠져서 손가락 하나도 까딱하기 싫은 딜레마에 빠져 버린다. 이런 나를 볼 때 진짜 자아를 찾고 싶은 게 맞나? 너무 의지박약 같아 보이는 내 모습에 매일 슬펐지만, 오늘은 진짜 저녁에 글이란 걸 써보려 한다.

08:55 am 그냥 그저 월요일 아침. 약간의 위로라면, 출근길의 커피와 월요일 출근해서 아침에 적막한 사무실에서 먹으려고 주말에 사뒀던 맛있는 디저트를 가져가서 먹는 것. 그게 나를 위한 작은 위로.

10:00 am 월요일 아침 사무실은 그 어느 때보다도 적막하다. 모두가 다 같이 말하기 싫은가 보다. 와중에 집에서 가져온 디저트는 맛있네.

14:00 pm 일하다가 중간에 기분이 너무 안 좋아서 화장

63

실에 들어갔다. 변기에 앉아서 그전에 여행했던 시칠리아 사진들을 봤다. 그러니 좀 나아졌다. 응급처치 완료.

20:00 pm 퇴근하고 뭘 좀 해보려고 했는데 8시 퇴근. 지금 퇴근하고 가서 씻으면 잘 시간 아냐? 너무 억울하다. 오늘은 진짜 무언갈 하려고 했는데.

21:00 pm 씻고 나오니 9시, 남편도 이때쯤 퇴근해서 같이 내일 점심 뭐 먹을지 미리 닭갈비로 결정했다. 피곤해 찌든 두 명이 나란히 넋이 나간 채로 쇼파에 누워있었다. 그런데 갑자기 남편이 벌떡 일어나 냉장고 문을 열었는데, 포장도 안 뜯은 샤인머스캣을 보고 도대체 언제 산거냐며, 왜 안 먹냐고 또 한 잔소리를 하기에 "아무 때나 먹어. 와인 먹을 때?" 라고 했더니 "지금 그럼 와인먹자."해서 급작스러운 저녁의 와인 한 잔! 평일에 갑작스러운 와인에 샤인머스캣이지만 나쁘진 않은거 같기도.

퇴사준비 22일차 화요일
언제쯤 출근이 안 힘들까

07:30 am 어제도 저녁에 수영장을 못갔기 때문에, 아니 안 갔기 때문에 오늘은 아침에 수영장을 간다. 최소 출석횟수를 채워야 회사 수영장을 계속 다닐 수 있기 때문이다. 일단 샤워는 할 거고 잠은 안 깼기 때문에 귀찮은 마음이 커서 수영을 할 수 있을지 말지는 미지수다.

08:25 am 결국 수영은 안했다.

비가 추적추적 오는 오늘은 화요일, 어제 와인을 먹으니까 아침에 일어나기가 너무 힘들었다. 저녁에 먹을 때는 좋았지만 아침에 일 톤짜리 눈꺼풀을 버티는데, 너무 힘들어서 '도대체 갑자기 평일 저녁에 와인을 왜 먹었을까?'라는 생각과 후회를 했다. 술 먹으면 다음날 일어나기가 힘들어서 웬만하면 평일엔 술을 안 먹으려고 하는 편이다. 원래 화요일 아침 10시엔 매주 하는 주간보고가 있지만, 오늘은 다른 건물에 일이 있어서, 회의에 참석하지 않는다. 회의 때 다른 일이 있어서 불참하는 거.. 꽤 괜찮은걸? ㅎ

12:15 pm 오늘 점심은 치즈 닭갈비. 어제 저녁에 미리 정해뒀던 메뉴를 먹었다. 역시 닭갈비는 맛있다. 많이 먹었더니 배부르다. 오전 시간 지났겠다, 점심도 먹었겠다. 좀만 버티다 퇴근만 하면 되겠군 이란 생각을 하는 점심시간이다.

비가 와서 그런가 축축 처진다. 온몸에 힘이없다.

19:00 pm 오늘 퇴근도 7시. 정시 퇴근은 5시인데.. 언제쯤 정시 퇴근을 해볼수 있을까? 너무 짜증난다. 안 그래도 한 시가 아까운 저녁 시간인데 회사까지 늦게 끝나니 멘탈이 남아나지 않는 것 같다. 모두가 바빠 보였지만, 이기적인 인간 그 잡채인 나는, 나부터 살아야겠다며 꾸역꾸역 7시에 퇴근했다. 이렇게 살아가는 게 맞을까. 또다시 드는 의문이다.

퇴사준비 23일차 수요일

뭐해? 일 없지? 라고 묻지 마세요

07:45 am 너무 졸리다. 너무 너무 졸리다.

오늘 수영 가야 되는데, 안 가면 진짜로 싹둑 잘리기 때문에, '진짜 그냥 잘릴까?' 생각하다가 억지로 일어나서 수영을 간다. 진짜 택시에서도 자진 않았지만, 눈을 감고 있었는데 내가 눈 감고 있으니까 택시 기사님이 라디오 소리를 슬며시 낮춰주셨다. 요즘 자주 비가 오는데, 비 때문에 더 축축 처지나,, 오늘 비타민도 까먹고 안 가져왔다!

오늘 저녁엔 약속이 있어서, 모로 가든 도로 가든 무조건 6시 반 차를 타야 된다. 무조건 타야지.. 라는 다짐을 하며 출근.

08:45 am 수영장에서 사무실로 오는 길에, 어떤 분이 길을 물어봤는데 같은 방향이라 돌연 친절한 길 안내 모드 장착, 고맙다고 거듭 인사를 해주셔서 비록 길 안내밖에 한 일이 없지만

아주 조금 뿌듯했다.

14:00 pm 사무실 출근해선 쏟아지는 일더미에 묻혀 정신이 없었는데, 그래도 좋아하는 부장님이 도와주겠다고 옆에서 계속 말 한 마디라도 거들어 주셔서 위안이 됐다. 계속 말해서 입이 아프지만 이분은 회사에서 찾기 힘든 진짜 좋은 부장님이다.

18:44 pm 진짜 무슨 일을 하는지 내가 뭐 하고 있는지 모르겠는 하루. 이 일을 해도 아무도 안 알아주는 그 일을 내가 하고 있다.

"그건 왜 하는거야?"라는 질문을 듣는 순간, 해도 티도 안 나는 이런 일을 해서 안 그래도 힘이 안 나는데, 더 힘이 안 난다. 열심히 일하는거 안 보이나? 숨도 안 돌리며 일하고 있는데, "요즘 뭐해? 일없지?" 라고 물어볼 때 그때가 제일 슬프다. 나는 이렇게 열심히 일만 하고 있는데! 아무도 이 업무를 안해서 공감이 안 가나보다. 저 말 들을 때마다 화가 치솟으면서 다 관두고 싶어진다.

역시 '난 회사는 안 맞아.' 라고 또다시 생각하게 되는 하루.

퇴사준비 24일차 월요일

회사는 만병의 근원, 나름 행복한 월요일

07:30 am 분명 지난 번 퇴사 준비 글이 수요일이었는데, 목, 금, 토, 일 무려 4일을 건너뛰고 월요일에 글을 쓴다. 정말 스트레스를 많이 받았는지 꼬박 앓아누웠기 때문이다. 너무 아파서 회사도 연차를 냈다. 그렇게 4일간 푹 쉬었는데도, 모든 직장인이 그렇듯 알람 소리에 의해 눈을 뜨면 회사 때려치고 싶다 라는 생각이 가장 먼저 드는 월요일 아침.

오늘은 회사로 출근하지 않고, 외근을 나가기 때문에 그나마 낫다. 그런데도 회사 출근 하는 게 싫다니, 진짜 어지간히 회사 다니기 싫은가보다. 정말 정말 오랜만에 나가는 외근이기에 화장도 하고, 옷도 차려입은 오늘. 원래 월요일마다 입는 월요일 허벌텅 티셔츠가 있는데 오늘은 과감하게 집어 던졌다.

외근이 주는 장점은 두 가지 있는데, 첫 번째는 사무실 업무보다 널널한 점. 두 번째는 정시 퇴근이 보장되어 있는 점이기 때문에, 오늘 하루도 위안삼아 본다. 당장 지금은 어쩔 수 없으니까, 하루를 덜 힘들게 보내기 위해 내게 위로를 건네며 위안 삼고, 정말 차근차근히 퇴사준비를 해나갈 것이라는 결심을 하며 시작하는 월요일 아침.

17:00 pm 오늘 외근 내용은 모교를 방문해 회사에 대해 소개하고 채용 상담회를 하는 외근이였다. 오랜만에 방문한 학교는 바뀐 건물도 많고, 아무래도 4년만에 온 학교인지라 기억이 새록새록하고, 젊음이 좋아보이고 마냥 후배들이 부럽다는 생각들을 했다.

나는 대학 시절에 교환학생이나 워킹홀리데이 같은 걸 못 해 봐서 너무너무 아쉬웠는데, 다시 돌아간다면 그런 체험들을 많이 해볼 거 같다는 생각과 지금도 회사만 다니는 게 아니라 하고 싶은 걸 해봐야지 라는 마음이 동시에 들었다.

그렇게 오늘은 일찍 퇴근하고 남편과 함께 단란한 저녁 시간, 여태 있던 월요일 중 나름대로 가장 행복한 월요일 저녁이다.

퇴사준비 25일차 화요일
외근은 이틀로 부족해

<u>07:25 am</u> 오늘도 외근이라 모교로 출근. 외근이 이틀뿐인 게 너무 아쉬운 화요일 아침이다. 오랜만에 이어폰으로 영어 듣기가 아닌 음악을 들으며 외근 가는 오늘은 화요일 아침! 예상시간보다 조금 일찍 도착할 거 같아서 오늘은 자전거를 타고 학교를 한 바퀴 둘러보려 한다. 날씨가 너무 좋아서 기분도 좋은 그런 하루 그 잡채*.

<u>17:36 pm</u> 오후엔 바빠서 정신없이 지나간 시간들, 취업하기 위해 고군분투하고 열심히 준비하는 후배들을 보고 '아 나도 이럴 때가 있었지'하고 생각했던 하루. 내가 지금 복에 겨워 퇴사를 하고 싶은 걸까? 진짜 자아를 찾고 싶은 걸까? 항상 헷갈림은 공존한다.

* 그 잡채 = 그 자체

최대한 도움을 주고 싶어 열심히 취업 관련해서 상담을 해줬고 진짜 오랜만에 나름 회사 업무(?)에서 발걸음이 떨어지지 않는 하루였다.(또 내일 출근 생각에 막막하긴 하지만) 후배들 다들 잘됐으면 좋겠다!

근데 진심으로 내일 회사 가기 싫다. 외근이 좋았는데. 벌써 내일 사무실에 갈 생각을 하니 속이 답답하다. 애써 외면하던 회사 일을 마주해야 할 내일은 괜찮을까? ㅠㅠ

퇴사준비 26일차 수요일

주말만 바라보는 하루살이의 삶

09:06 am 다시 사무실로 출근하는 일상으로 돌아온 오늘 출근하는 버스 안, 아직 출근도 안했는데 퇴근하고 싶은 오늘은 수요일. 수요일이 제일 넘기기 힘겨운 날인데 출근이라니!

그래도 요번 주는 3일밖에 안 남았다는 부분에 애써 위안을 하며 출근해본다. 항상 이렇게 또, 요번 주도 금방 갈 거야 하고 주말만을 바라보며 살아야 되는지 또 의문이다. 매일 아침마다 의문이 한가득이다.

사무실에 들어가는 순간, 그동안 쌓인 산더미 같은 업무가 날 기다리고 있겠지. 벌써 걱정이다. 오늘도 제발 무탈히 지나가길..

사무실 들어가기 직전 심장이 마구 요동치고 갑자기 과민성 대장이 반응을 해서 배가 심하게 아파온다.

12:00 pm 걱정과는 다르게 별일 없던 아침. 점심시간이다! 이제 오후시간 조금만 더 버티면 퇴근이다.

p.s. 꼭 별일이 없다하면 별일이 생기더라.. 오후엔 엄청나게 바빴다.

퇴사준비 27일차 목요일

내일 하루만 더 버티면 돼

08:32 am 드디어 오늘 내일만 더 버티면 되는 오늘은 목요일. 아침 소확행으로 스콘 파이를 챙겨 회사를 나가는 오늘 하루. 오늘 오후엔 동기랑 커피 마셔야지! 하는 소박한 목표와 함께 시작.

18:00 pm 동기랑 커피를 마시겠다는 목표는 비록 달성 못했지만, 아침에 먹은 스콘 파이는 맛있었다! 엄마손파이의 고급 버전 느낌. 맛있는 디저트는 역시 힐링이지. 커피랑 디저트를 먹다 보니 오전 시간 슥삭. 점심도 차돌 떡볶이 순삭하고 남편이랑 연말에 있을 여행 생각에 들떴던 오늘. 게다가 금상첨화로 오늘은 사무실에서 5시 40분에 퇴근 했다!

드디어 한 주가 지나간 즐거운 목요일 저녁이다. 내일 하루만 더 버티면 된다는 깊은 안도감과 함께.

퇴사준비 28일차 금요일

웬일로 즐거운 금요일

09:00 am 오늘은 금요일이지만 왜 이렇게 출근하기가 힘겨웠던 건지, 비좁은 간격의 사무실 자리는 숨이 막히기 짝이 없다. 상상 속에는 아무도 없는 사무실에 혼자 앉아 있고 싶은 마음뿐이다. 차라리 재택근무를 하면 임직원의 마음건강이 한결 좋아지지 않을까? 라는 생각을 했다.

오늘 금요일 맞나? 얼른 퇴근하고 싶다는 생각에 엉덩이가 들썩거린다. 지금으로서의 요번 주 주말 계획은 계속 집안에서 뒹굴뒹굴할 생각뿐이다.

참 스트레스 받아서 일하기 싫을 때는 내 과민성 대장이 조용히 있지를 않는다. 화장실 왔다갔다만 벌써 4번째다.

11:30 am 점심 먹으러 가려 하는데 사수가 오늘 일찍 퇴

근하자고 했다! 참 듣던 중 반가운 소리. 얼마만의 일찍 퇴근인지 벌써 퇴근 생각에 설렌다. 금요일 기념 오늘의 점심 메뉴는 매콤 알싸한 불닭볶음면으로 결정!

12:00 pm 불닭 덕분에 뜨거워진 내 위장을 아이스 초코로 풀긴 했지만, 역시 매운 걸 먹으니 스트레스가 확 풀린다. 금요일 점심에 불닭은 한 주간 묵은 스트레스를 풀기에 아주 딱 맞는 선택이었다.

16:45 pm 그렇게 불닭을 먹고 부서행사 잠깐 참여하고 일 조금 하다 보니 어느새 퇴근, 진짜로 네 시 반에 퇴근했다. 정말 살다 보니 이런 일이! 얼마 만에 일찍 퇴근해보는 오늘은 금요일, 남편이랑 어떤 저녁을 먹을지 벌써 기대가 된다. 금요일에는 항상 '한 주간 힘들었던 일들을 잘 버텨냈다.'라는 보상심리가 팽배해, 꼭 금요일 저녁에는 엄청나게 맛있는 걸 먹어야해 라고 생각한다. 그래서 대망의 오늘 금요일 저녁 메뉴는 뭘까? 남편한테 뭐 먹고 싶냐고 얼른 상의해 봐야겠다. 금요일 저녁 메뉴는 한주를 마무리하는 가장 중요한 업무다. 암 그렇고 말고.

퇴사준비 29일차 일요일

색다른 일요일

오늘은 일요일이지만 글을 쓴다. 무릇 일요일은 육체적으로 집에서 뒹굴뒹굴하며 티비를 보고, 정신적으론 내일 출근할 생각을 하며 착잡해지기가 하루 일과인데, 오늘은 좀 다르게 보내 보기로 했다.

의도한 건 아닌데, 우연히 일요일에 하는 재즈공연 티켓이 당첨됐기 때문! 그래서 오늘은 무료 재즈공연을 보러 일요일인데도 불구하고 힘들어하는 몸뚱아리를 끌고 집 밖으로 나왔다.

무려 십만원 상당의 티켓이 당첨된 건데, 안 가기도 아깝고, 또 유명한 재즈 스타가 한국에 온다고 해서 겨우 나왔다. 진짜 정말로 집 밖으로 나가기 힘들었지만, 결론적으론 나오길 잘한 날.

처음엔 좀 더웠는데 멋진 연주를 들으니 더위가 싹 가셨고, 훌륭하고 멋진 음악들이 '내일 월요일인데..' 라는 생각을 몰아내 주는 경험을 해본 엄청난 날. 의외로 일요일에 집에서 뒹굴뒹굴 하며 정신적으로 착잡해지는 것보다 그냥 밖에 아예 나와서 내일 출근한다는 사실을 잊고 신나게 노는 것도 괜찮다는 걸 깨달았다.

무대에 서 있는 재즈 레전드들을 보며, 나도 내가 그토록 좋아하던 음악을 했으면 행복했을까 라는 생각이 들었던 하루. 만약 옛날에 음악을 포기하지 않았다면? 이라는 생각이 들면서, 저 무대에 서서 그들이 좋아하는 음악을 너무 즐거워하며 연주 하는 모습이 무척 부러웠던 날. 왜 그런 날 있지 않나? 내가 한때 가졌던 꿈을 이룬 사람들을 보며, 내가 다시 과거로 간다면? 이 라는 생각을 할 때. 그때는 과연 다른 선택을 할 수 있을까? 라고 생각했다.

아무튼 너무 멋진 공연이 끝난 일요일 밤. 내일 출근을 해 야 되는 일요일 밤이지만 평소와는 다르게 나는 아직도 팔팔하다.

퇴사준비 30일차 월요일
월요병 대신 고민이 많은 월요일

08:45 am 퇴사준비 30일차 월요일. 여느 월요일과 같이 출근준비를 한다. 어제 집에만 박혀있는 일요일이 아닌, 밖에 놀러간 일요일을 보냈는데, 생각만큼 힘들지 않다. 아무래도 어제의 멋진 재즈연주가 선사한 에너지가 나에게 큰 힘이 된 것 같다.

어제 공연으로 들었던 kenny barron의 〈calypso〉를 들으며 출근!

요번 주도 잘 버틸 수 있겠지? 오늘은 진지하게 퇴근하고 음악을 배울 수 있는 방법에 대해서 알아보려 한다.(대학원이나 등등..)

10:00 am 사수가 오늘 출근하자마자 주말 잘 보냈냐고 물어봤다. 요새 무슨 일 있나..? 왜 요즘 뜬금없이 내 안부를 자주 물어보지.. 요새 무슨 좋은 일 있나? 아니면 어떤 눈치를 챘나?

주말에 좋은 일 있었나? 갑자기 왜저래.. 뭐지? 집에서 가져온 텀블러에 든 얼음 가득 오트 라떼를 의문 한가득이랑 같이 꿀꺽 마셨다.

12:00 pm 월요일 점심시간. 오늘은 까르보 불닭을 먹을까 한다. 요즘 회사 라면 도장깨기ing.

날씨가 확실히 많이 선선해진 거 같다. 선선한 날씨를 느끼며 점심 먹으러 가는 월요일 점심.

15:25 pm 우연히 친한 외국계 기업 부장님과 수다를 떨다가, "영어 잘하면 왜 거기 있어요?" 라는 말에 갑자기 쿵하고 심장이 울렸다. 기회는 왔을 때 잡아야 되는데, 그 외국계 기업 부장님 말로는 영어도 되는 엔지니어는 글로벌 기업에서 굉장히 수요가 많다고 이직하라고 강추를 하셨다. 진짜 진지하게 상담해 주시겠다고. 그래서 거듭 감사하다고 말씀드리고 진짜 이직도 또 하나의 내 미래 갈림길 리스트에 넣어둬야겠다고 생각했다.

정말 미래의 삶을 선택하는 데는 너무 여러 갈래가 있는 것 같다. 이 중에서 어떤 길을 선택해야 내가 가장 행복한 길인지. 정말 많은 고민을 하게 되는 시기다.

<u>20:00 pm</u> 오늘은 진짜 가장 무난한 월요일이었다. 무난한 업무, 무난한 점심, 무난한 오후, 무난한 퇴근. 그래 이런 날도 있어야지. 집에 오니까 생각이 많아진다.

확실히 나는 음악을 좋아하는 것 같긴 하다. 근데 단순히 좋아한다는 이유 하나만으로 그 길을 선택해서는 안 될 거 같다. 생각한 거보다 훨씬 더 예술의 세계는 녹록지 않을 거라고 확신한다. 내가 음악을 좋아하는 것, 그것에 얼마만큼의 점수를 매겨야 내 미래를 어느 정도 보장하면서 투자할 수 있을까. 아무도 모르겠지.. 진짜 내가 좋아하는 건 뭘까. 내가 음악에 재능이 있는 걸까? 아니면 한낱 알량한 자신감에 음악을 해보고 싶다는 생각이 드는 걸까? 퇴근하고도 생각이 너무 많은, 어제 캐니 베런의 무대를 들었던 오늘 밤이다.

퇴사준비 31일차 화요일
회식은 냄새를 싣고

08:00 am 매주 화요일 열시 = 가장 고통스러운 시간. 매주 진행하는 최소 한 시간짜리 회의가 있기 때문이다. 어제에 이어 생각이 많은 하루. 회사에 이토록 의욕이 없는데 이 일이 진짜 내가 하고 싶은 게 맞는 것인가라는 생각이 다시 떠올랐다.

오늘 따라 나의 과민성 대장은 가만히 있질 않는다. 어제 저녁에 먹은 후라이드 치킨 두 조각 때문인지 화장실 왔다갔다만 열번이 넘은 거 같다. 오늘은 나름 그래도 섹션 회식이 있어서 4시반 퇴근,, 그나마 일찍 퇴근하는 걸 다행으로 여겨야 하나^_^

18:30 pm 퇴근하고 회식을 갔는데 김치찜 집이었다. 김치도 못 먹고 냄새도 맡기 힘든데, 두 시간 동안 참고 나오니 몸 전체에 온통 김치 냄새가 나는 거 같다. 아니 그냥 난다. 김치 냄

새 나는 머리칼을 가지고 발레를 가야 하는 이 슬픔. 급한대로 머리에 룸 스프레이라도 뿌리고 가야겠다. 안 그럼 발레 하는 내내 나는 김치 냄새에, 나도 다른 사람들도 시달릴 거 같다. 마음 같아선 씻고 가고 싶은데 시간이 얼마 없다.

19:00 pm 룸 스프레이 촥촥 머리에 뿌리고 발레 가는 직장인의 슬프고 지독한 회식 냄새가 밴 나 자신.

20:25 pm 발레 다녀와서 샤워도 하고 얼굴에 에센스도 바르고 쇼파에 기대앉아서 하루를 마무리하는 마음은..

'운동이 정말 하기 전엔 가기 귀찮은데, 하고 나면 참 개운하기 그지없다. 근데 영어공부도 하고 싶고, 소설도 써야 하고 음악도 듣고 싶고 아무래도 하루는 24시간으론 턱없이 부족한 거 같다.'

퇴사준비 32일차 수요일
간만에 심심한 일상

<u>08:25 am</u> 오늘 아침 출근할 때, 영어 공부하면서 회사에 출근하느라 글을 못썼다. 짬짬이 출퇴근길에라도 영어 공부 하려고 노력하는데 참 그게 생각만큼 쉽지는 않다. 오늘 저녁은 회식도, 약속도 없으므로 일찍 퇴근해서 영어공부 하고 어제 쓰던 글을 마저 쓸 예정!

<u>11:45 am</u> 오늘의 점심 메뉴는 제육덮밥이다. 오늘따라 사내식당에 사람이 많아 보이는 건 기분 탓일까? 진짜 사람들 북적이는 소리가 유난히 시끄럽다.

<u>12:10 pm</u> 남편이랑 같이 점심 먹고 커피 주문 후 기다리는 중. 남편은 나에게 커피 줄 대기 번호표를 맡기고 화장실을 갔다. 과연 누가 먼저 나올까. 커피일까 남편일까? 예상외로 남편

이 먼저 나왔다.

17:30 pm 오늘은 간만에 다섯 시 반 퇴근이다!! 웬일이지!!! 근데 날이 우중충하니 가을비가 많이 와서 퇴근길이 영 불편하지만 그래도 일찍 퇴근은 좋다.

퇴사준비 33일차 목요일
일찍 자기는 하늘의 별따기

10:20 am 오늘은 아침에 병원을 들렀다 출근하는 중이다. 2주 전에 피검사를 했는데, 간 수치가 정상인의 2배가 훌쩍 넘는 수치가 나와서, 의사 선생님이 2주 후에 다시 검사받으러 오라고 했다. 2주 전 피검사를 할 당시 전날 너무 많이 과음하긴 해서 과음의 영향이 아닌가 싶었지만, 의사 선생님께서 단호하게 과음으로 이 정도 수치까지 높아질 순 없다고 했다. 확실히 2주간 검사를 위한 금주, 바른 생활 어른이를 실천하니 피로도가 덜 올라오는 것 같기도 하다. 살도 빠지고.

그렇게 검사를 하고 출근하는데 오늘은 아주 오랜만에 아침 피로도 수치로 볼 땐 최상의 컨디션이다. 이유는 단 한 가지, 가장 실천하기 어려운 "일찍 자기" 업무를 어제저녁에 처리했기 때문에.

사실 저녁에 퇴근하고 집에 가면, 이것도 하고 싶고, 저것도 하고 싶고, 그러다 보면 시간이 부족해 늦게 자기 일쑤다. 꼭 할 일 때문만이 아니어도 내 프리한 저녁 시간을 늘리고 싶어서 잠들기가 싫긴 하다. 잠이 들면 내일이 일찍 오고 그러면 또다시 출근해야 하는 게 싫어서.

근데 어제는 그런 유혹을 뿌리치고 오랜만에 열시쯤 잠들었는데 확실히 나는 같은 시간을 자도 일찍 자야 피로가 회복되는 스타일인것 같다.

오후 10시부터 오전 8시까지 10시간 자는 것
vs 오후 12시부터 오전 10시까지 자는 것

이 둘을 비교해보면, 전자가 훨씬 개운하다. 이건 사람마다 다르긴 하지만 나는 바이오리듬이 10시 취침에 맞춰져 있나 보다. 이게 다 어렸을 때 부모님이 만들어 둔 10시 바이오리듬인 것 같다.

초등학교 시절 친구들이 한창 그때 유행하던 수목 10시 드라마를 시청한 후 다음날 학교에서 열심히 수다를 떨 때도, 항상 스포* 다 당하고 주말이 되어서야 친구들이 말하던 대화 내용을 이해할 수 있었다. 키 커야 한다고 부모님이 꼭 10시에 칼같이

* 스포 = 스포일러, 미리 드라마나 책의 줄거리를 미리 다 듣는것

재웠기 때문이다. 근데 결국 키는 잠이랑 상관없었다. 별로 안 컸다. 이럴 줄 알았으면 드라마 볼걸! 무튼 내 바이오리듬은 10시 취침에 맞춰져 있으나, 직장인에게 10시 취침은 미라클 모닝 실천하기처럼 어려운 일이 아닌지.

13:00 pm 오늘 점심은 아주 정신이 하나도 없다. 아침에 피검사하고 결과 나오기까지는 시간이 너무 오래 걸려서 출근했다가 점심시간에 피검사 결과 보러 다시 병원 왔다가 회사로 돌아가는 길이기 때문.

참 이렇게까지 해야 하나 싶을 정도로, 검사 결과 상 별일은 없었지만 역시 건강이 최고다.

18:00 pm 오늘도 이른 퇴근, 부서에 연차 낮은 사람들끼리 와인 모임을 간다.

간 수치도 안 좋고 어차피 술 못 먹어서 안 가려 했는데 새로 들어온 신입이 간다고 해서 마지못해 끌려가는중. 머릿속엔 '집 가서 글 쓰고 싶다.'라는 생각뿐인데 남편도 야근한다니까 뭐.. 금방 저녁만 해결하고 집으로 가야겠다. 파워 E지만 회사에서는 I가 되는 나, '모임.. 부담스러운데.. 집 가서 글 써야 하는데.. 혼자 있고 싶은데..' 하지만 또 막상 가면 잘 놀긴 한다.

참 복잡미묘하고 이상한 인간의 마음이다.

퇴사준비 34일차 금요일

장들의 반란, 금요일 퇴근만이 특효약

06:45 am 오늘도 비가 추적추적 오는 날. 드디어 오늘은 좀 일찍 출근해 본다.(일찍 출근해야 추석 때 일찍 퇴근할 수 있기 때문에.)

자다가 갑자기 배가 아파서 눈이 타의적으로 떠졌는데, '떠진 눈 그대로 회사 나가지 뭐.' 하고 나와 버렸다. 배는 왜 이렇게 아프지? 그래도 금요일이니까. 회사 가면 괜찮겠지! 동기랑 아침을 같이 먹기로 해서 얼른 가서 아침 먹고 배 좀 가라앉혀야겠다.

오늘은 회사에서 업무 마무리할 게 하나 있고, 메일 쓸 게 하나 있고, 그리고 목표는 신입이랑 커피 한 잔하는 게 내 소박한 목표. 그리고 퇴근해서는 집에서 재즈 들으며 글 쓰고 저녁 10시 취침이 목표이다.

<u>07:15 am</u> 되게 웃긴 게 회사 와서 동기보고 아침 먹자 했는데 동기도 돌연 장이 꼬인 거 같다고, 배 아파서 앉아있어야겠다고 하길래 웬 장 꼬인날도 똑같냐며 나도 가스차서 배아프다고 했다.

금요일이라 장들이 합의보고 다 아프기로 한 걸까.

퇴사준비 35일차 일요일

엄마는 내 특효약

<u>07:40 am</u> 오늘 회사 동기 결혼식이 있어서 출근하는 것 마냥 이르게 집을 나섰다. 토요일인 어제 하루 종일 두근거리고 컨디션이 좋지 않아서 집밖에 안 나갔는데, 오늘 결혼식 간다고 아침에 혼자 나오니 몸이 안 좋아서 그런지 심장은 쿵쾅거리고 식은땀에 힘이 든다. 얼른 숙제 해치우고 집에 가야지. 사회생활이란 늘 어렵다.

<u>09:40 am</u> 결혼식 가기 전후로 엄마를 잠깐 만났는데, 놀랍게도 엄마랑 수다떠니까 한결 나아졌다. 심장의 두근거림도, 식은땀도 역시 나에게 제일 특효약은 우리 엄마다.

퇴사준비 36일차 월요일

감정 폭풍이 휘몰아친 월요일, 맑았다가 흐림

08:00 am 오늘은 또다시 돌아온 월요일 아침. 어제 일찍 잤더니 눈이 일찍 떠졌다.

역시 과민성 대장은 월요일 아침 참지 않지. 출근한다고 또 배가 아파지기 시작한다. 그래도 오늘의 그나마 괜찮은 점은 요번 주 한 주만 버티면 다음 주는 추석이라서, 목금토일월화 쉴 수 있는 황금연휴가 있다는 점이다. 그렇기에 힘들어도, 연휴가 얼마 안남았다고 애써 위안을 하며 출근하는 오늘은 월요일. 오늘도 별일 없길 바라며.

15:00 pm 오늘 분명 무척 안 바빴는데, '저 안 바빠요!!!!'를 어디에 써서 붙이고 있었는지 갑자기 새로운 업무가 생겼다. 덜컥 업무를 받게 되서 심장이 쾅하고 역시 퇴사해야겠다는 둥 동기에게 메신저를 보냈다. 또 내 머릿속에선 이 일 못 하겠다고

말하는 장면, 퇴직금을 조회하는 내 모습, 퇴사 직전의 나, 다른 회사로 이직하는 나 등등 오만 상상이 1초 내에 스쳐 지나가고는 현실에 적응해 누구보다 빠르게 업무를 처리했다.

　　18:00 pm 오늘은 심리 상담을 가는 날이라 일찍 퇴근해 열흘에 한 번 있는 내 마음건강 병원에 가는중. 상담을 가는 마음은 항상 무겁다. 내 아픈 마음들을 들춰내야 하기 때문일까?

퇴사준비 37일차 화요일

자네 이대로 회사만 다닐겐가

08:25 am 생리통이 심한 오늘은 화요일 아침. 그래도 괜찮아! 화수목만 버티면, 딱 3일만 출근하면 금요일은 휴가다. 정말 하루살이 삶 같은 직장인의 하루.

오늘은 저녁에 발레를 가는 날이다. 발레는 최근 들어 새로 시작한 취미인데 참 재밌다. 아무래도 난 운동을 좋아하는 거 같은데 딱 전업으로 여러 운동을 하는 예능인을 해야 했나, 라는 생각을 했다.(한 종목만 하는 운동인은 안됨. 지루함)

09:50 am 오늘도 매주 화요일 오전에 있는 회의에 참석. 화요일 업무 루틴의 시작은 항상 회의다. 회의 끝나면 점심 먹으러 가고, 점심 먹고 일하다 보면 퇴근하고. 내가 좋아하는 일을 해야 된다 싶다가도, 다른 회사는 어떤가 생각도 들고, 추석 연휴 때 다방면으로 이직도 알아봐야겠다는 생각도 드는 오늘은 화요

일.

인생은 선택의 연속이라는 게 참 어려운 거 같다. 뭘 선택해야 하는지, 어떤 게 최선의 선택인지, 고민에 고민을 하며 한 가지 확실한 건 진짜 이대로 회사만 다니는 건 너무 아쉽다는 건 확실하다. 얼른 뭐가 됐든 이것저것 준비를 해봐야겠다는 오늘의 교훈.

퇴사준비 38일차 수요일
시간이 없어서 여유도 없는 수요일

<u>08:40 am</u> 아직도 수요일 실화냐! 오늘은 비가 오는 수요일 아침이다. 오늘 저녁에 약속 있는데 비가 와서 그런가 너무 가기 싫다. 지난번에 비 온다고 한 주 미룬 건데, 왜 또 비가 오는 거지? 출근길인데 차는 막히고, 비는 오고, 졸립고 아주 힘들어 죽겠다. 금요일은 또 미용실 가야 되는데.. 미용실조차도 귀찮은 오늘은 왜 아직도 수요일일까?

지금 내가 쓰고 있는 소설이 또 있는데, 뒤의 내용이 도저히 안 써진다. 이런 게 창작의 고통일까? 전체적인 줄거리는 생각이 나는데 세부적으로 어떤 내용이 연결되어야 좋을지는 아직 미지수다. 도대체가 회사를 다니면 창의적인 생각이 날 수가 없다.

글을 써야 한다는 생각 때문에, 친구들과의 약속도 부담스러운 요즘. 나만의 시간도 너무 없다. 할 일은 많은데 시간은 없고 그래서 친구들과의 약속조차도 부담이 된달까.

14:35 pm 비오니까 일하기 싫은 건 사수도 마찬가지인가보다. 비오니까 적당히 일하다가 일찍 가자고 사수가 그랬다. 사수가 일찍 가자고 말할 때는 업무에 둘러싸여서 힘들다가도 기분이 좋아진다. 역시 비올때 일하기 싫은 건 모든 회사원들이 공통적으로 하는 생각인가보다.

17:20 pm 그래도 비교적으로 수요일 치곤 한가했던 오늘 하루, 오늘도 6시 이전 퇴근해 본다. 가을비라서 조금만 올 줄 알았는데 엄청나게 많이 오는 오늘도 이렇게 끝이다.

퇴사준비 39일차 목요일
그냥 내일 휴가 내났으면

<u>08:00 am</u> 오늘은 금요일 같은 목요일이다. 왜냐면 내일 금요일은 휴가이기 때문!

하지만 '내일 드디어 휴가쓴다!!'는 기분은 안 난다. 아직까지는 너무 졸립고 힘들다. 분명 비가 안 오는 줄 알고 우산을 안 들고 나왔는데 또 다시 구슬비가 보슬보슬 온다.

<u>10:45 am</u> 아직도 열한시도 안됐냐고.. 시간은 또 왜 이렇게 안 가는지.. 내일 휴가라는건 바쁘게 살아왔어서 그런지 아직도 잘 믿기지 않는다.

퇴사준비 40일차 토요일
끝나지 않는 미래에 대한 고민

한가했던 목요일과는 다르게 너무 바빠서 정신없는 금요일을 보내고 오늘은 토요일. 집에서 해질녘까지 뒹굴뒹굴하고 쉬다가 노을 무렵쯤 나와서 남편이랑 아이스크림 먹으며 집 앞의 미니정원을 걸었다. 그곳엔 억새가 있는데, 노을에 비친 금빛 억새를 보고 있으면 뜬금없이 이 정원 전체가 나만을 위한 정원이었으면 좋겠다는 생각이 드는 오늘은 토요일 노을 지는 시간.

예쁜 억새를 보고 있으니까 뜬금없이 또 '내가 진짜 잘할 수 있는 건 뭘까' 라는 생각이 들었다. 막연히 3년 후의 나는 뭘 하고 있을지, 어디에 있을지, 똑같이 그저 회사에 다니며 안주하고 있을지, 의문으로 가득한 하루.

영화를 보는데 한 등장인물이, "미래가 어떻게 펼쳐질지 알면 재미없어서 인생 어떻게 사냐, 뭐든 도전해보는 거지!" 라는 말에 쉬는 동안에도 나의 뇌는 또다시 자극받고는 열심히 고민한다.

내가 진짜 하고 싶고 잘할 수 있는 게 과연 뭘까를.

미래가 어떻게 펼쳐질지 알면 더 좋지 않을까? 라는 생각도 했지만 한편으로 새로운 도전을 해나가는 주인공을 보면서 나도 그런 완전 새로운 길에 대해 도전할 수 있는 용기를 가지고 싶다는 생각을 했다.

그렇게 오늘도 단지 "하고 싶다는 생각"만 하며 황금 같은 오늘의 시간도 속절없이 지나만 간다. 흑흑.

퇴사준비 41일차 월요일
3일만 참으면 추석

<u>08:00 am</u> 요번 주 목요일부터는 추석 황금연휴다. 그 말은 목요일부터 출근 안하니까, 월화수만 출근하면 된다는 얘기! 오늘은 일반 평일로 치자면 수요일인 것이다.

그렇게 정신 세뇌를 했는데도 그냥 아침에 출근하는 거 자체가 너무 힘들다. 어서 추석 연휴가 돼서 쉬고 싶은 마음뿐이다. 수요일이고 뭐고 그냥 사실 내 기분은 월요일이다. 그냥 어떻게라도 수요일이라고 해서 자기 위안 삼고 싶었을 뿐, 오늘이 월요일이라는 건 변하지 않는 사실이다. 주말에 분명 쉬었지만, 한껏 지친 몸짝 이끌고 출근하는 오늘은 월요일.

<u>13:30 pm</u> 오늘 점심은 친구랑 같이 먹었는데, 수다를 떨다가 미래에 관한 얘기가 나왔다. 친구도 정말 본인이 하고 싶은 건 무엇인가에 대해 고민하고 있었고, 실제로 이것저것 시도해보

고 있었다. 지금 이맘때 다들 그런 생각을 하는구나 싶으면서도 모두가 그런 생각이 들고, 모두가 회사가 재미없고, 모두가 다 다른 꿈을 가지고 있다면 나도 그들 중 하나이고, 내가 관심을 가진 분야에 재능이나 가능성이 없는 걸까 라는 굉장히 슬픈 또 굉장히 큰 걱정이 된 하루. 진짜로 가능성 제로라면 나는 이 지옥 같은 회사를 계속 다녀야 한다고 생각하니 너무 끔찍했다.

일단 내가 지금 하던 걸 해나가며 이틀만 참자. 추석 연휴 땐 꼭 글도 쓰고 음악 공부도 하고, 아직도 알아보고 해야겠다 라는 다짐을 하며.

퇴사준비 42일차 화요일
회의는 자제, 각자 보고하면 안될까요

06:30 am 가을비가 추적추적 내리는 오늘은 화요일. 새벽 여섯시 반, 이때 출근하니 아직 해가 안 떠서 어둡다. 내리는 비가 도로에 비치는데, 빗방울이 바닥에 닿을 때마다 반짝반짝하는 게 마치 윤슬을 보는 거 같은 기분이 든다. 아무래도 휴일을 앞두고 있어서 파워 긍정적인 걸까^_^?

어쩐지 비가 올 때 나는 비 냄새가 왠지 모르겠지만 맡을 때마다 바다 냄새가 떠올라 파블로프의 개 마냥 비만 오면 갑자기 내 앞에 바다가 있는 것만 같은 느낌이다.

오늘은 화요일이지만, 이제 화요일 수요일 딱 이틀만 버티면 추석 연휴가 시작되기 때문에 마음이 썩 괜찮다. 후후. 오늘도 힘내 보는 하루! 저녁에는 피부과를 가는 일정과 발레 수업이 있다!

하지만 아침에는 매주 화요일만 되면 하는 회의가 있어서 또 큰 산을 넘어야 하는.. 정말 회의 자체는 피곤한 시스템이다. 그냥 각자 자리에서 자료 만들어서 공유하고 궁금한 사람이 각자 불러서 물어보면 안 되는 걸까? 라는 생각에 문득 사업체들을 타겟으로 한 간편 회의자료시스템을 만들면 어떨까? 라는 생각을 했다. 괜찮은데?

07:40 am 오늘 회사 아침으로 서울의 유명한 모 베이글이 나온다고 해서 품절되기 전에 받으려고 아침 일찍 출근한 이유도 있다. 베이글을 타고 설레는 마음에 사무실 자리에 딱 앉아 포크로 딱 잡아서 한입 딱 먹고 "캬 맛있다" 하고 다시 한입 딱 베어서 빵을 탁하고 입에서 떼는 순간 갑자기 플라스틱 포크가 휘청하더니 베이글이 포크에서 떨어져 데구루루 사무실 복도를 굴렁쇠 마냥 굴러갔다. 그걸 본 사수와 내가 눈이 마주쳤고 진짜 베이글 때매 일찍 출근했는데, 떨어뜨린 거 보고 어이가 없어서 웃음부터 나왔다. 내 금쪽같은 베이글..ㅠㅠ 한입 먹고 굴렁쇠처럼 굴러 내 곁을 매몰차게 떠나가 버린 베이글.. 웃프다.

그 후에도 계속 굴렁쇠처럼 굴러가던 베이글이 머릿속에 아른거려 혼자 그라데이션마냥 피식피식 웃게 된다.

퇴사준비 43일차 수요일
아주 합리적인 추석 연휴 전날 업무

<u>06:50 am</u> 드디어 오늘만 지나면 즐겁고 긴 추석 연휴! 아침에 일찍 일어나기가 굉장히 힘들었는데, 오늘 그래도 연휴 전날인 만큼 일찍 퇴근할 수 있다는 기대감에 힘들고 피곤한 것도 잊고 회사에 출근하게 됐다.

오늘도 회사 아침으로 서울에 유명한 모 베이글이 나온다 해서, 오늘은 꼭 베이글이 어제처럼 굴렁쇠가 되지 않도록 조심히 먹을 예정이다 ^^

사수가 어제부터 추석 전날이니까 회사 출근해서 개점휴업 하자고 했는데(요즘 말로 하면 월루*), 오늘은 진짜 개점휴업을 실천해 볼 예정이다. 여태까지 있던 수요일 중 기분 최고조!

* 월루 = 월급 루팡, 월급 도둑이라는 뜻으로 회사에서 농땡이칠때 월루한다고 함

[모 회사원의 추석 연휴 전날 오늘의 업무]
1. 아침에 베이글 벌벌 떨며 조심히 먹기
2. 부서 사람들이랑 수다 떨기
3. 하지만 흰 옷에 복숭아 아이스티 왕창 흘리기
4. 일찍 퇴근하기

정말 회사에서 가장 좋았던 하루였다. 비록 오늘은 베이글을 바닥에 내동댕이치지 않는 대신 아이스티를 쏟긴.. 했지만

괜찮다. 좋은 하루였으니까.

퇴사준비 44일차 목요일
실감이 안나는 연휴 1일차

오늘은 즐거운 추석 연휴의 첫째 날인 화요일, 지금 연휴라는 게 믿기지 않는다. 이렇게 실감 안 나다가 출근할 때쯤 아.. 연휴 벌써 끝났어? 하고 문득 깨닫겠지. 꼭 이런 휴가나 여행은 처음에는 진짜 쉬는 게 맞는지 실감이 안 나다가 꼭 다 끝날 때쯤 휴가였다는 걸 깨닫는다. 왜 매번 그런 건지는 이해가 안 간다. 어제 꿈을 꿨는데, 꿈속에서 노랫소리가 들렸다. 정말 좋은 재즈 오케스트라 곡이었는데, 일어나니까 기억이 안 난다. 이런 영감들을 저장할 수 있는 장치가 있으면 얼마나 좋을까? 라는 생각을 했다.

사수나 다른 사람들 말 들어보면, 회사 일로 꿈을 꾸기도 한다는데, 나는 단 한 번도 회사 일에 대한 꿈을 꾼 적은 없다. 진짜 내 자아, 내가 원하는 것은 정말 다른 데 있는 게 맞는 건가 라고 또 생각이 드는, 연휴 1일차.

퇴사준비 45일차 수요일
정의의 심판관에게 매번 혼나는 나

<u>09:20 am</u> 일주일 연휴가 끝나고 다시 출근하는 수요일이 됐다. 추석 지나고 나니 진짜 제법 쌀쌀해져, 꼭 긴팔을 입어야 하는 날이 왔다. 집업 후드를 걸치고 출근하는 오늘은 수요일. 자꾸 이런 달콤하고 끔찍한 생각을 하면 안되는데(?), 수목금만 버티면, 다시 토일월 휴일이다..!

자꾸 주말만 바라보며 살면, 월화수목금 수동적인 회사 인간으로 살다가 주말에 미친 듯이 쉬고, 다시 월화수목금 수동적인 인간으로 살고 주말에 쉬기, 이렇게 수십 년을 회사에 안주하는 삶을 살까 봐 두렵다.

물론 그 삶이 나쁜 삶이라고 하는 건 절대 아니다. 다만 나의 경우에 하고 싶은 게 너무 많아서 속절없이 흘러가는 시간과 내 젊음이 아깝다는 생각이 드문드문 든다. 시간이 아깝다면서

휴일에 소설 한 자도 안 쓰는 나에게 출근할 때만 되면 정의의 심판관이 빙의해서,

"너 주말에 도대체 뭐 하고 보낸 거니?"

라고 물으면 '주말에 놀기만한 나'는 그나마 양심이 있어 아무말도 못한다. 솔직히 내 주말을 되돌아보면 열심히 쉬고 놀기만 했다, 정말.

그런 생각을 하던 찰나에 다시 심판관 선생님이

"그래서 언제 퇴사할래?! 퇴사 준비한다며."

라는 날이 선 질문을 하면 미래의 나에게 퇴사준비를 미루는 대답 뿐.

"요번 주 주말엔 꼭 하겠습니다."

진짜 요번 휴일엔 토일월 3일 동안, 외국계 기업 이직도 찾아보고, 영어공부도 하고, 에세이도 준비하고, 피아노도 치고(?), 소설도 써야지! 라고 진심으로 다짐하는 오늘은 수요일 아침.

안주하는 삶이 극도로 싫고 하고싶은 것은 다 해야되는 ENTJ인데, 요즘 극도로 안주하는 나를 보며 그저 짜증이 솟구친다.

10:00 am 사무실에 앉았는데 일주일 쉬고 온 거 맞나? 라

고 생각할 정도로 놀랍게도 바로 어제 출근했던 거 같은 찝찝한 기분은 왤까? 근데 동기는 회사가 너무 오랜만이란다. 신기하네.

16:10 pm 연휴 다음날 국룰, 칼퇴근하기. 진짜 연휴 동안 놀기만 했는데 연휴 바로 다음날 출근은 정말 적응이 안된다. 칼퇴근 갈기고 싶은데 할 수 있을까..?

18:30 pm 칼퇴근은 안되고 6시 30분에 퇴근했다. 쓸쓸한 직장인의 하루 끝.

퇴사준비 46일차 목요일
추억이 담긴 녹슨 물이 묻은 내 양말

07:55 am 오늘 아침에 출근준비를 하고 있었는데, 문득 신던 양말을 유심히 봤다. 양말엔 쇠가 녹슨 물이 묻어있었다. 갑자기 시칠리아에서의 일화가 생각났다.

시칠리아 여행갔을 때, 양말을 빨아서 회오리 감자 모양의 기둥을 가진 램프에 널어놨었다. 램프의 회오리 모양 기둥이 양말을 여러 켤레 널기에 안성맞춤이었다. 그래서 몇몇 개의 양말을 널곤 남편과 나는 시칠리아 시내에서 사 온 저녁을 먹고 있었다. 그러던 도중 무심코 지나가다 널린 양말을 봤더니 램프에 걸친 부분에 녹이 슬어 있었고 심지어 주황색 녹이 양말에까지 묻어있었다. 그걸 보곤 허겁지겁 양말을 다른 데 널었지만, 이후에 한국에 돌아와서 양말들을 아무리 다시 빨아도 이미 물이 들대로 들어버린 시칠리아산 주황 녹은 없어지지 않았다.

갑자기 오늘 아침 양말을 신다가, 녹슨 물의 추억이 담긴 양말을 신어서 웃음이 나왔다.

그렇게 녹슨 양말 신은 채 출근! 오늘도 별일 없이 지나갔으면 좋겠다. 오늘 아침에도 베이글 타야지.

퇴사준비 47일차 금요일
그냥 내 재능이 뭔지 알려주세요

08:25 am 드디어 지옥 같은 수목금이 호다닥 가고 금요일이다. 회사 다니면 시간이 참 빨리 간다는 생각과 동시에 미국 이직을 찾아보는 중이다. 난 진짜 무엇을 하고 싶은 걸까? 객관적으로 비교해보면

지금 안주하는 삶 vs 미국 이직

미국 이직 vs 글쓰기로 작가 데뷔(성공할지 모름)

글쓰기 vs 음악 관련 직업

어렵다. 진짜 내가 원하는 건 뭔지. 미국회사도 다니면서 살아보고 싶고, 예술 쪽이 확실히 내 성향상 맞는 거 같은데 그건 또 공부해 보면 모를 일이다.

오늘 기묘한 꿈을 여러 가지 꿨는데 꿈 전체가 기억이 흐물흐물하지만, 꿈속에서 뜬금 없이 저 차가 미국에서 제일 많이 타는 차라고 얘기를 한건 기억난다.(도대체 무슨 개꿈이지;)

가끔 그런 생각도 했다. 내 생체정보 뿐만 아니라 재능정보를 저장해두는 세포들이 있고 그걸 샅샅이 검사해서 뭘 했을 때 가장 내가 재밌어하고 재능도 있는지 검사지에 나오면 좋겠다는 생각.

또 한편으론 이것저것 해보고 도전하면서 해결해 나가고 발전하는 것이 오스트랄로피테쿠스의 진화라고는 생각하지만 나는 여러 선택지를 두고 고민하기 싫기 때문에 그냥 처음부터 그런 정보를 알았으면 좋겠다는 생각을 했다. 언젠가는 개발되지 않을까?

아침부터 오만 생각을 하며 출근하는 오늘은 금요일, 정말로 칼퇴근할 예정이다.

퇴사준비 48일차 화요일
우연이 현실로?

<u>09:00 am</u> 월요일이 공휴일이였어서 요번 주 첫 출근을 맞이하는 화요일 아침. '요번 주는 또 얼마나 힘들까'라는 걱정을 하느라 깜빡하고 립스틱을 안 챙겨왔다.

오늘 저녁에 발레 가야해서 일찍 퇴근해야 되는데, 집에 갈 수 있을까? 라는 불안함을 안고 출근. 불안하니까 오늘 점심 메뉴나 봐야겠다. 근데 진짜 발레 빠지면 안되는데 출근하기 전부터 퇴근 눈치를 보는 나 자신이 너무 짜증난다. 뭔 출근 전부터 집을 갈 수 있을까 아닐까 아무도 몰라주는 퇴근 눈치를 봐야 되나? 그냥 아몯따* 빨리 업무 처리하고 그냥 가야지.

아 오늘 잊고 있었는데, 매주 있는 화요일 회의가 있는 날이다. 오늘은 또 회의를 얼마나 오래 하려나.

* 아몯따 = 아무것도 묻지도 따지지도 말고 냅다 그냥

11:40 am 한 시간 반 동안 회의하고 나오면 당 떨어지고 현기증 나는 게 확 느껴진다. 역시 회의는 내 에너지를 쪽쪽 빨아먹나보다.

18:00 pm 시간이 빠르게 지나가서 어느덧 퇴근! 역시 도파민이 가장 잘 돌 때는, 유튜브 쇼츠도, 인스타 볼 때도 아닌 퇴근할 때다. 오늘은 발레 가는 날! 발레 갔다 와서 어제 쓰던 소설을 마저 써야겠다.

18:50 pm 사진 기록용으로 인스타그램 계정이 있는데, 여러 나라 여행한 걸 해시태그를 달아서 올리다가 우연히 샌프란시스코에 사는 미국인 친구를 알게 됐다. 시차가 많이 나지만 그 친구랑 굉장히 많은 DM을 주고받는데, 일상이나, 일 등등에 대해 얘기하다가 한국 회사들은 너무 엄격하다, 실리콘밸리가 훨씬 좋다던데 이직하고 싶다고 투덜거렸더니 갑자기 이직 도와준다고 링크드인 프로필 있냐고 물어봤다. 역시 미국은 정말 인맥도 실력이라 생각해서, 인맥으로 입사하는 경우도 많다고 들었다. 우연은 진짜 이렇게 갑자기 시작이 되는건가..? 라는 생각을 하게 된 하루.

이미 내 상상 속에서 나는 이미 미국으로 이직을 해있고,

실상 아무것도 시작 안했는데 이직했다고 생각하니까 갑자기 한국에서 못 이룬 소설 쓰기 등등이 아쉬워졌다.

빨리 뭐라도 하고 싶은 걸 더 해야겠다는 청개구리같은 심보를 가진 나, 어쩌면 이런 사건 사건들이 날 재촉해서 성장하게 하는 매개체가 될지도 모르겠다는 생각을 하면서 일단 지금은 얼른 발레를 가야겠다.

퇴사준비 49일차 수요일

회사에서는 바뀌는 MBTI

14:40 pm 또다시 일이 많아졌다.

이미 마음속으로는 퇴사를 백 번은 넘게 한 거 같다. 오늘도 어김없이 퇴사를 하고 싶은 그런 날. 바쁘고 짜증나고 연락이 너무 많이 와서 폰포비아 걸릴 거 같고, 진짜 아무도 날 찾지 않았으면 좋겠다는 마음뿐이다. 그냥 아무것도 하기 싫고 도망가고 퇴사만 하고 싶은 오늘 하루.

원래 책 출판을 목표로 퇴사준비 일기를 써왔는데, 진짜 퇴사할 때까지 쓸지, 중간에 출판을 한번 해 볼지 고민이 된다.

요새는 '조용한 사직'이라고, 주어진 업무시간에 주어진 업무만 조용히 일하다가 퇴근하는 형태의 근무를 조용한 사직이라고 하는데, 나도 제발 조용한 사직을 실천해보고 싶다. 업무 특성

상 지극히도 타부서와 연락하는 일이 많아 인간관계로 회사에서 스트레스 받을 때가 정말 많기 때문이다.

MBTI 파워E라서 안 그럴 줄 알았는데 회사에서 만큼은 파워I가 되는 나란 인간, 그냥 진짜 퇴사 갈길까 보다.

퇴사준비 50일차 목요일
육체적으로 힘든 오늘은 목요일

09:30 am 오늘은 오랜만에 늦잠자고 늦게 출근. 아무래도 잠을 많이 자서 덜 졸린 거 같다. 아랫배가 슬슬 아픈 게, 곧 생리할 때가 된 거 같기도 하고.

또 요번 주 일요일엔 친구 결혼식이 있어, 나에게 남은 주말은 토요일 뿐. 그래서 토요일에 바짝 할 일이 많아졌다.

> **위시리스트**
> 햇볕 카페 가기
> 유화 그리기
> 링크드인 프로필 올리기
> 글쓰기
> 미국 여행 계획 완성하기

다 할 수 있겠지..?

바이오리듬을 생각해 보면 약간 그런 것 같다. 월화수요일은 '아 주말 언제 돌아오지 막막하다 힘들다' 등등 부정적인 감정이 주이면, 목요일 금요일은 힘들어도 '주말이 있으니까 괜찮아' 이런 느낌.

정신적으로 힘든 월화수, 육체적으로 힘든 목금, 내 눈은 아직 다 떠지지 않은 육체적으로 힘든 목요일.

<u>11:55 am</u> 아침에 좀 늦게 출근했더니 금방 점심시간이 됐다. 후딱 해치우고 빨리 가버릴 거다. 조용한 사직을 실천할 거다.

퇴사준비 51일차 금요일
실감 안 나는 금요일

09:00 am 드디어 금요일, 아직은 금요일이라는 게 실감나지 않고 내 몸은 그냥 너무 많이 피곤하기만 하다. 오늘도 눈이 늦게 떠져 출근, 일단 내 계획은 사무실 자리에 앉아서 퇴직금을 조회하는 것이다. 나처럼 이토록 퇴사하고 싶은 사람이 있을까. 사무실 들어가기 전에 나오는 깊은 한숨. 제발 오늘 아무 일이 없기를.

10:00 am 자리에 앉자마자 떨어지는 업무 지령.

좀 숨 좀 돌리게 한 시간 정도 내버려두고 좀 있다가 업무 얘기하면 안 되나? 숨 좀 돌릴 시간 달라고요..;

17:30 pm 바쁘게 일하다 갑자기 퇴근

p.s. 금요일 퇴근길 노을은 정말 뼈가 시릴 정도로 이쁘다.

퇴사준비 52일차 월요일
인생의 정답은 무엇일까

<u>08:22 am</u> 어느새 퇴사준비가 50일차를 2일이나 넘어섰다. 오늘 아침에도 눈이 떠지자마자 숨이 꽉 막히면서 퇴사를 너무너무 하고 싶었지만, 진짜 억지로 몸뚱아리를 일으켜서 출근한다. 억지로 이어폰을 귀에 꽂아 넣고, 억지 세로토닌을 유발시키고, 억지로 옷을 주섬주섬 주워입고 그리고 출근하는 월요일. 퇴사준비는 어떻게 해야 하고 퇴사는 언제 하는 게 적절한 시기인지 아직 물음표 상태다.

지금 내가 무얼 진짜 제일 하고 싶은 것인지 어떻게 해야 하는지 알아봐야 하는데, 지난 주말엔 진짜 알아봐야겠다고 생각해 '링크드인'이라는 글로벌 구직사이트에 프로필을 만들고 일단 후보 중 하나인 미국 어딘가의 회사로 이직하기를 찾아봤다. 일단 비자는 둘째치고 근무환경이나 연봉이나 이런 건 나쁘지 않

았다. 갑자기 뽕이 차올라 '가면 잘할 수 있을 거 같아! 미국 생활 해보고 싶어!' 라고 생각하다가 단순 미국 생활을 해보고 싶다는 이유만으로 미국으로 이직하는 건 너무 큰 일 같다는 생각이 퍼 뜩 들었다. 사람들 후기를 여럿 찾아보니 향수병도 생기고 어떤 사람은 이직한 지 첫 한달 내내 영어가 힘들어서 울기만 했다는 후기도 봤다.

그 얘기를 들으니 지금 공황을 겪고 있는 내가, 새로운 환 경에 가서 부딪히면서 잘할 수 있을까 라는 두려움이 생겨났다. 여러 글 찾아보니, 보통 준비를 굉장히 오랫동안 해서 조금 시 간을 가지면서 에세이 다듬고 영어도 공부해 보고 좀 더 찾아봐 야겠네 라고 생각했다. 아! 책은 언제 내지? 욕심이 많은 이런 ENTJ

<u>09:14 am</u> 사무실 앞인데 너무 들어가기 싫은 나머지 속 이 울렁거린다.

<u>10:04 am</u> 자리에 앉아있는데 백만 년 만에 코피를 쏟았 다. 코도 어지간히 월요일이 싫었나 보다.

<u>12:10 pm</u> 엄청나게 날씨가 좋은 점심시간. 진짜 행복이 란 무엇일까? 학생 때는 공부 잘해서 좋은 대학 가고 취업 잘하

면 행복할 줄 알았는데 그게 끝이 아니었다. 취업하고 나서 생긴 내 자아 정체성의 혼란은 진짜 내가 무엇을 하고 싶은지 내가 어떨 때 가장 행복한지, 행복은 무엇인지 가장 중요하지만 잊고 있었던 질문을 계속 안겨줬다. 진짜 뭐가 정답일까 많은 생각이 스쳐 지나가는 월요일 날씨 좋은 점심.

18:09 pm 집 가는 택시 안에서, 〈어른이 된다는 게〉라는 제목의 노래가 나온다. 진짜 어른이 된다는 건 뭘까? 아직도 애 같고 어리고만 싶은 나는 월요일의 어른이 한명 추가요.

퇴사준비 53일차 화요일
그래도 회식은 너무 싫어

07:00 am 오늘은 일찍 일어난 김에 집 앞 스타벅스에 들러서 따뜻한 라떼 한 잔 사서 출근하는 화요일. 오늘 저녁에는 매주 화요일에 가는 발레 수업이 있고, 나를 제외한 우리 섹션은 회식이다. 회식이라는 말은즉슨 눈치 안보고 집에 일찍 갈 수 있다는 것! 10월부터 캐롤 장전하며 출근중.

09:08 am 오늘 발레 가야 해서 회식 못 간다고 하니까 발레도 다니냐며 별거 다 한다고 부장님이 말씀하셨다. 속으로 '호호 회식 못 간다고 통보했으니 맘 편히 발레 갈 수 있겠군.' 이라고 생각하며 오늘도 일찍 퇴근하고 내일은 재택근무니까 괜찮다라고 위안하는 하루.

10:44 am 회의 중이었는데 시료 받는다 하고 회의 도중에

땡땡이 치고 나왔다. 진짜 회사에선 이럴 때가 가장 짜릿하다니까.

14:22 pm 회식 불참에 대해 사수가 나보고 "꼼지야 너 없이 오늘 회식한다? 너 빼고 다 온대." 라고 하길래 "아 저는 발레를 가야 해서용 맛있게 드세요^^" 하고는 말았는데 회의 끝날 때즘 내가 좋아하는 그 부장님이 "회식 공적의 50% 이상을 차지하는 너가 안가? 꼼지 사수 너가 따로 뭐 사줘야겠다." 라고 하셨다.(나와 내 사수가 업무로 상 받아서 회식하는 거라)

갑자기 뭔가 '아 내가 일을 하긴 한다라는 걸 아시나?!' 라는 생각이 들었다. 회식을 지독히도 안 가는 나인데도 순간 좋아하는 부장님이 회식을 가시면 나도 가고싶다는 그런 마음이 아주 잠깐 들었다. 하지만 안 간다고 하시기에 음 발레를 미련없이 가야겠군! 이라고 생각한 오전.

갑자기 돌연 사수가 상금 일부를 나한테 줬다.

"괜찮아요. 제가 한 게 뭐가 있나요."

라는 k-거절도 한번 날려줬다. 그러니까 사수가

"저 사람들 거도 있어(다른 사람들 봉투 보여줌) 저 사람들은 뭐 한 거 있어서 주냐."

라고 하길래 '그렇군.' 이라고 생각하고 감사하다고 말하면

서 받았다. 냉큼 받을 생각이긴 했지만, 참 사수는 의리 있는 것
같기도하고 예민한 사람 같기도하고 잘 모르겠다.

퇴사준비 54일차 수요일
끝이 없는 욕심 & 고민

<u>08:00 am</u> 오늘은 재택근무다. 정말 1년에 한 번 있을까 말까 한 재택근무! 그래서 어제 밤늦게까지 〈가십걸〉을 보다가 잤다. 느지막이 일어나 창가에서 아이스아메리카노 한 모금하는 이 여유. 너무 좋은데? 내가 할머니쯤 됐을 땐 진짜 재택근무가 실생활이 될까?

저번 주 내내 미국 이직에 대해 엄청 많이 찾아봤는데, 미국 이직 준비 글은 많아도 이직 이후의 삶이 어떤지는 많이 없었다. 참 고민이 많은 요즘, 요번 주도 내가 하는 업무들을 줄줄이 한글로 정리하고 그걸 다시 영어로 바꿔서 정리해봐야 한다. 일단 뭐라도 해봐야 하니까.

<u>11:20 am</u> 난 왜 이렇게 하고 싶은 게 많은 걸까? 발레도

잘하고 싶고 그림도 그리고 싶고 공부도 하고 싶고 책도 내고 싶고, 피아노도 치러 가고 싶고 남편이랑 데이트도 하고 싶다. 이게 다 내 위시리스트다.

얼른 지금은 생각 다 접어두고 전화영어 하기 전에 영어공부 좀 해봐야겠다.

퇴사준비 55일차 목요일
호르몬의 노예

08:54 am 오늘은 진짜 안팎으로 컨디션이 안좋은 날이다. 생리 터진 거 같이 배가 미치게 아픈데, 생리를 하는 둥 마는 둥 한다. 진짜 생리통 너무 고통스럽다. 회사도 가는데 배까지 아파야 해? 내 정신은 어딘가 이미 저세상에 가 있는 거 같은 그런 느낌이다. 아프다고 하고 내일은 휴가 써야지, 진짜 생리 때마다 너무 힘든 거 보면 인간은 호르몬의 동물 같다. 진짜로.

날이 갑자기 추워져서 긴팔 후드에 긴팔 재킷을 입고 출근하는 오늘, 진짜 컨디션은 최악. 거기다 비까지 오다니! 내일 휴가내고 얼른 집에서 푹 쉬어야겠다. 오늘도 일찍 퇴근해야지.

17:30 pm 최악의 컨디션에서 퇴근은 건졌다.

퇴사준비 56일차 일요일
미래가 무섭고 퇴사가 조급한 나

분명히 주말에 글을 많이 써보겠다 다짐했는데, 쉬고 자느라 바빠서 실천하지 못한 나 자신이 너무 한심하다고 생각되는 일요일.

그저 옆에 가장 친한 내 베스트프렌드가, 밖에 나가서 밥 먹고 카페 가서 글 쓰자고 설득하고 달래서, 우울하고 한심한 감정에 휩싸여 집안 가장 따뜻한 동굴 속에 들어가 있던 나를 겨우겨우 밖으로 끄집어냈다. 나름 나오니까 내 베프 말대로 진짜 환기가 되긴 하는 것 같다.

카페에 와서 글을 써보려 했지만, 도저히 다음 내용이 생각나지 않는다. 가장 친한 친구인 남편이 조급해하지 말라고, 원래 예술가는 영감이 떠오를 때가 있는 거라고 다독여주지만 나는 조급한 마음을 감출 수가 없다. 빨리 자아실현해서 퇴사해야 된다고 !!!!!!! 나의 삶의 길을 내가 스스로 선택하고 그 길로 가기 위해 노력하는 건 정말 멀고도 험한 길인 거 같다. 솔직히 직장인이 직장을 그만두고 다른 길을 택하려면, 완벽히 준비하고 퇴사를 하려면, 쉬고 에너지를 보충할 시간 없이 평일 저녁과 주말 모두를 갖다 바쳐야 하기 때문이다.

맛있는 저녁을 먹으니 소용돌이같이 몰아치던 죄책감이 옅어졌다. 역시 기분을 잠재우는 데는 맛있는 게 짱이다.

퇴사준비 57일차 월요일

월요일 국룰은 오전에 아무한테도 말 안걸기

<u>08:47 am</u> 여느 때처럼 또 월요일이 돌아왔다. 제법 쌀쌀해진 월요일 출근. 어제 무슨 꿈을 얼마나 많이 꿨는지, 잠을 푹 못자서 오늘 아침 기분이 썩 좋지 않다.

돌아가신 할머니가 꿈에 나왔다. 근데 할머니가 "할머니 이제 꿈에 못 나와." 라고 말하길래 "할머니 가지 마." 하고 울다가 깼다. 아주 아침부터 뒤숭숭한 하루

<u>09:05 am</u> 맨날 똑같은 출근길 맨날 똑같은 버스, 아주 맨날 똑같은 일상은 신물이 난다. 특히 월요일은 일만 자동으로 해내는 로봇의 전원을 처음으로 켜는거 마냥 삐걱대는 기분이다.

월요일 아침에 아무한테도 말 안 걸기는 국룰*, 오늘은 룰이 잘 지켜져서 아주 좋다. 이러다가 그냥 바로 퇴근하고싶다.

* 국룰 = 국민 Rule(규칙), 모든 사람들이 인정하는 일반 상식

17:10 pm 역시 퇴근은 짜릿해. 오늘 저녁 일과는 글 쓰고 샤워하고 내일 기온 보고 미리 옷 골라두기.

퇴사준비 58일차 화요일
퇴사는 언제쯤 하게 될까

<u>08:16 am</u> 오늘 출근하는데 유독 속 울렁거리는 게 심한 화요일. 진짜 위장이 아파서 속이 울렁거리는지, 출근한다는 사실 때문에 스트레스 받아서 울렁거리는 것인지 헷갈린다. 남편은 자고 있었고 아침에 화장대 앞에서 길잃은 동공으로 선크림 쳐발쳐발하며 출근준비하고 있었는데 한숨이 나와서 휴하고 한숨 푹 쉬었더니 남편이 자다가 갑자기 벌떡 일어나서는 "왜 그래?" 라고 했다. 내 한숨이 그렇게 컸나..? 분명 자고 있었는데 언제 일어난거지.

<u>08:57 am</u> 사무실 근처, 사무실 들어가기싫다 들어가기싫다 들어가기싫다 들어가기싫다!!!!!
사무실 자리에 앉으면 앉고나서 한 시간 동안은 말 안걸기를 회사규칙으로 정해야 된다. 앉자마자 일 얘기하는 건 진짜 아

무래도 상도덕에 어긋나는 것 같다. 무슨 숨도 안 돌렸는데 앉자마자 일 얘기에요? 예의없이..

11:44 am 회의가 너무 길어진 화요일,, 한 시간 반 동안 회의하는 내내 퇴사하는 상상만 오지게 했다. 눈은 PPT를 보고 있지만, 퇴사를 한다고 생각하면 누구한테 가장 먼저 말해야 할까, 사수 선배한테 커피 마시자고 말해서 "선배 저 퇴사하려고요.." 라고 했을 때 사수의 표정은? 상상의 나래를 펼치니 회의가 끝나 있다.

진짜 언제 해야 될까? 정말로 난 언제 퇴사를 하게 될까? 퇴사고 나발이고 일단 오늘 퇴근이나 빨리 하고 싶어요. 퇴근시켜 달라고요.

퇴사준비 59일차 수요일
오전 설교는 퇴사욕구만 샘솟게 하고

08:49 am 정말 몸이 힘든 수요일 아침이다. 왜 이렇게 수요일은 일어나기도 힘들고 몸도 힘든지 모르겠다. 그럼에도 위안이 되는 건 오늘만 지나면 주말이 앞으로 이틀 남았다는 점이다. 모든 회사원들은 이렇게 하루살이식 버티기 삶을 사는 걸까, 다른 삶은 원하지 않는 걸까 아니면 원하는 사람도 있을까? 다른이들의 생각이 정말 궁금한 수요일 아침.

10:10 am 출근하자마자 사무실 자리에 앉자마자 또 사수가 업무 얘기로 말을 걸었다. 아직 아침도 안 먹었는데

사수 : 오늘 뭐 할 거야?

나 : 아 저 오늘 일 1,2,3 해야 되고요.

사수 : 그거 금방 하잖아. 내일은?

나 : 내일은 아직 생각 안 해봤는데, 이 시료랑 저 시료 측정해야 돼요.

사수 : 이제 2년 됐으니까 너도 스스로 뭘 할지 생각해야 돼.

나 : 아.(마음속 : ??? 2년 아직 안 됐고, 매일 새로운 일이 생기는 거고 나름 난 업무 계획도 있고 월급을 자기보다 더 많이 받는 것도 아닌데 나한테 도대체 뭘 어디까지 바라는 거지?????)

매일 일을 안 한 것도 아닌데 나를 한가롭게 보는 사수가 원망스럽다. 정말 요즘은 매일 아침이 이런 식이다. 끝이 없이 "오늘 뭐할 꺼야? 주말동안 요번주 업무 뭐할지 생각해 봤어?" 등등 약 40분 가량의 끝나지 않는 질문의 연속이 내 마음을 무겁고 답답하게 하다 못해 미래고 뭐고 당장 퇴사하겠다고 말하고 회사 밖을 뛰쳐나가고 싶은 심정이 들게 한다. 매일 아침마다 이 얘기를 들으니까 없던 위장염도 생긴것 같고 억울하고 복잡한 심경이 든다. 아니 내가 일을 안 했으면 몰라, 요즘 매일같이 아침부터 왜 사람 빡치게 하지? 어이가 없다. 심지어 아직 아침도 안 먹었다고요!!!!!!! 갑자기 훈계를 왜 하며 그래놓고선 미안했는지 금방 또 "나도 한가해. 나도 일 없어" 라고 말하는 사수 당신, 모든 행동 거지가 거지같아. 그냥 다 싫어!!

내가 매일매일 업무 일정을 타임테이블로 갖다 바쳐야 하나 저 말을 하는 저의가 뭔지 일하던 사람도 절로 아무것도 하기 싫게 무기력증에 빠지게 만드는 짜증만 솟구치는 설교다.

　12:22 pm 날씨도 좋고 햇볕도 좋고 산책도 하고 맛있는 점심을 먹었는데도 짜증나는 아침 설교는 전혀 잊혀지지 않는다. 빨리 시킨 일 해버리고 퇴근해야겠다.

　16:44 pm 오늘 예상 퇴직금 조회만 열 번을 넘게 했다. 퇴사하는 상상도 열 번도 넘게 했다. 이런 일이 있을 때 마다 사수에게 먼저 퇴사하겠다고 말하는 장면, 아니면 갑자기 자리를 박차고 일어나서 퇴사하겠다고 말하고 사무실을 뜨는 장면 등등 각양각색의 퇴사 방법에 대해 상상하게 된다.
　정말이지 오늘 같은 날에 퇴직금 조회하는 일은 뗄래야 뗄 수 없는 필수 업무다.

퇴사준비 60일차 목요일

행복한 미래에 다가가기 위한 달성률 = x %

<u>08:57 am</u> 드디어 목요일이다..! 나름 글도 쓰고 이직도 알아보는 등 다방면으로 다른 길을 알아보고 있지만 아직 계속 시도만 하고 있어서, 뚜렷하고 엄청나게 진전된 건 없다.

뜬금없이 그런 생각을 했다. 내가 미래에 행복하기 살기 위해 현재 몇 퍼센트 정도 달성을 했고, 얼마 만큼의 노력을 더 해야 하는지 알고 싶다고. 현재 내 상황이 몇 퍼센트 달성했는지 알면 마음이 조마조마하는 것도 덜할 거 같아서. 참 인생이란 어려운 것 같다.

취업하고 나니 끝이 아니었다. 이 글을 쓰는 것도 독립출판의 목표를 세웠지만, 어느 정도로 글을 쓰고 출판을 해야 하는 거지? 할 수는 있을까? 라는 막연한 생각 때문이다. 근데 무튼 이 또한 내가 나를 찾아가는 과정이라고 생각해 썩 나쁘진 않은 것 같다.

일단 그냥 이런 잡생각 다 제쳐두고 퇴근하고 싶다! 피곤에 찌든 내 몸은 출근하기도 전에 이미 퇴근을 바라고 있는 몸뚱이.

<오늘의 목표 및 다짐>
오전 내내 평가만 계속하는 중. 계획대로 되는 중이다.
오늘은 정말 평가만 하다 퇴근할 계획이다.
아무런 연락도 다른 치고 들어오는 일도 없이
그냥 클릭 몇 번과 파일 이름 바꾸기 몇 번만 반복하다가
퇴근할 것이다.

13:55 pm 제발 좀 나를 건들지 말라고 일부러 평가 시료들을 책상에 우당탕쿠당탕 소리를 내며 널브러뜨려 놨다. 온 마음을 다해 바쁘다고 얘기하는 책상을 '회사적' 방식으로 표현한 설치 예술 마냥.

p.s. 정말 그랬더니 무사히 목표를 달성했다. 역시 시각적 예술은 통하나 보다. 내일도 마저 평가하고 정리하고 그리고 무사히 금요일을 마칠 예정이다.

퇴사준비 61일차 금요일

특별한듯, 특별하지 않은 듯한 금요일

08:16 am 비타민 가져온다는 걸 깜빡하고 안 가져온 오늘은 금요일. 저녁에 친구들과 약속이 있는데 약속이고 뭐고 집에 가서 쉬고 싶은 그런 마음이다. 컨디션도 안 좋고, 한주의 피로가 한꺼번에 몰려왔달까.

09:15 am 오늘은 어제 하던 평가를 마저 끝내고, 평가 데이터 정리하고, 그냥 이 정도만 하고 퇴근할 거다. 라는 나의 큰 목표. 제발!!! 한가하고 싶다!!!!!

09:57 am 아침에 텁텁한 가루형 유산균이랑 물 한 모금만 먹고 출근했더니, 갈증나서 죽겠다. 너무 갈증이 나는데 물은 먹기 싫어서 동기랑 회사 내에 있는 카페에 가서 아아 한 번에 원샷했는데, 드링킹 하자마자 배 아파 버리기! 정말 사내 커피는 화장

실을 절로 가게 하는 매직 커피다.

　12:48 pm 점심시간, 남편이랑 회사에 있는 산책로를 같이 걸었다. 남편은 신기하게도 밖에서 데이트할 땐 지도에 가리키는 길로만 가려고 하는데, 회사에서는 정반대로 이상한 갓길 같은 곳에 저기 뭐 있나고 자꾸 가보자고 한다. 그렇게 회사 내 이상한 산길을 하나 발견해서 조금 올라갔는데 놀랍게도 간이 오두막이 있었다! 처음엔 산 속에 웬 뜬금없이 간이 화장실이 있지 했는데 간이 화장실이 아니고 회사를 나가는 출문 게이트였다! 소름.. 마치 비밀의 공간을 찾은 것처럼, 출문하면 산인데 어떻게 산길에 게이트가 있나!!! 라고 놀라움을 금치 못하며 남편이랑 다음에 가보기로 하고 비밀의 게이트를 뒤로한 채 다시 돌아왔다.

퇴사준비 62일차 월요일
일요일 밤은 항상 늦게 자고, 월요일은 항상 늦게 눈을 뜨고

09:28 am 오늘은 진짜 늦게 일어나서 아홉시 반쯤 출근 중이다. 어제 티비 보다가 새벽 두시 반에 자서 늦게 일어났는데, 어제 늦게까지 잠에 안 든 내 자신이 너무 후회가 되는 아침이다. 지금 당장은 너무 힘들고 졸려서, '오늘 다섯 시 퇴근해서 꼭 일찍 자야지.' 라고 다짐했다. 진짜 회사 때려치우고 싶다, 그냥 자고 싶다.

15:23 pm 너무 힘들고 피곤한데, 미국 여행까지 51일 남았다는 이유로 정신승리 중이다, 진짜 얼마 안 남았다 휴가..!

19:48 pm 정신없이 퇴근하다 정신없이 일해서 집에서 정신없이 쉬는 중이다. 주말까지 4일이나 남았다니.

갑자기 문득 이 퇴사일기의 끝은 어디일까, 글을 쓰고 싶다

고 생각했는데 출판은 잘할 수 있을까, 누가 내 글을 좋아하긴 할까? 라는 현실적인 감정들이 계속 계속 들기 시작했다. 막연히 글을 좋아하니까 글을 써야지! 라고 생각했는데, 언제 끝내야 할지, 그리고 내 현실 퇴사준비의 끝은 도대체 어디에 있는지, 의문이 드는 밤이다.

퇴사준비 63일차 화요일

자포자기 화요일, 내 인생은 진전이 있는걸까 없는걸까

<u>08:22 am</u> 어느덧 퇴사준비 60대에 들어섰다. 아직 퇴사에 대해 크게 진전된 것은 아직도 없다. 다만 그냥 퇴사하면 안 되니 다방면으로 알아보고 있을 뿐. 계속 이렇게 진전이 없는 건 아닌지 걱정이 된다.

주말을 기다리며 출근하는 내 마음은 '주말 오려면 멀었어..꿈도 꾸지마..' 하는 자포자기 상태다. 그냥 매주 화요일 10시에 진행하는 회의 참석하고, 끝나면 점심시간이고, 점심 먹고 나서 일 좀 하다가 다섯 시에 퇴근해야지 퇴근해야지 퇴근해야지 퇴근해야지.. 라고 세뇌하면서, 그냥 그렇게 어쩔 수 없이 불쌍한 나를 위로하며 출근하는 중이다.

<u>11:15 am</u> 회의 내내 내가 만약 음악을 관두지 않고, 계속

했다면? 이라는 상상을 했다.

오늘의 회의 결론 : 음악 공부를 어떻게 다시 할 수 있는지 저녁에 알아보기!

퇴사준비 64일차 수요일
출근하기 싫다고 생각하는 걸 포기하기

<u>07:58 am</u> 출근한다는 사실에 대해 '출근 하기 싫다고 생각하는 것'을 포기하기 시작했다. 대신 '내가 정말 좋아하는 것을 찾아서 이곳을 한시라도 빨리 떠나자'가 되었다. 요즘엔 문득 출근하기 싫다고 생각하는 시간조차도 아까워 그런 생각을 할 시간에 '회사 관두고 뭐해야 되지?!' 라고 고민에 고민을 하는 날의 연속이다. 일단 오늘도 빨리 업무 정리하고 일찍 퇴근해야지.

<u>12:10 pm</u> 날이 흐리멍텅한 게 비가 올 거만 같다. 갑자기 남편 할머니가 돌아가셨다고 연락이 왔다. 마음이 착잡했다. 5년 전 할머니 돌아가셨을 때가 생각났다. 어릴 때 할머니 밑에서 자라서 엄마아빠만큼 어쩌면 엄마아빠보다 더 할머니 할아버지는 나한테 소중한 사람인데, 돌아가신 우리 할머니도 아직 못 보내드렸는데, 남편 할머니가 돌아가시니 갑자기 옛날 생각이 나면서

마음이 우울해졌다. 문득 안동에 계신 할아버지가 걱정돼 전화를 했다. 빠른 시일 내에 할아버지를 보러 가야겠다. 왠지 모르게 우울함이 폭발하는 오늘은 정말 이상한 날이다.

퇴사준비 65일차 목요일

복잡한 요번 주

08:11 am 남편 할머니 장례를 수요일인 어제부터 시작하려다가, 요새 돌아가시는 분이 많다고 식장에 자리가 없다고 해서, 목요일부터 목금토 삼일장을 치르기로 했다. 남편 할머니 장례식 가려고 수요일인 어제 일부러 일찍 퇴근했는데 장례식이 내일부터 시작하니까 오늘 올 필요 없다는 말을 듣고, 시간이 붕 떠서 어떡하지 하다가 산부인과를 갑자기 갔다.(원래 토요일에 가려고 했었으나 할머니 장례식이 있어서 시간이 안 될 거 같았다)

자궁 초음파를 끝마치고 나니까 생리통 같이 자궁이 너무 아파서 오늘 갑작스레 연차를 내 버렸다. 오늘부터 남편 할머니 장례식인데,, 배가 너무 아파서 집에서 쉬고 있다. 무언가 복잡하게 꼬여버린 요번 주.

퇴사준비 66일차 월요일

월요병 퇴치에는 일찍 퇴근이 제격

09:16 am 정신없는 지난 주가 지나갔다. 남편 할머니 장례식이 토요일에 끝나고, 일요일은 하루종일 집에서 잠만 잤다. 그림 그리기, 피아노 치기, 영어공부, 영어로 내 직무 정리하기, 글쓰기 등등 할 게 많은데 잠만 자다니!!!! 그래서 언제 퇴사할래! 라는 생각이 절로 들게 하는 월요일이다.

오늘은 비가 엄청 많이 와서 우산을 쓰나마나 비를 다 맞았다. 비 맞으니 졸렸던 게 확 깨는데 이젠 다시 일상으로 돌아와야 할 월요일이지만 회사가 너무 너무 가기 싫다. 다시 파블로프의 개 실험처럼 훅 올라와버린 회사 가기 싫다는 생각.

11:55 am 요번 주도 너무 바쁘다. 월화수에 무려 온갖 일정이 있기 때문. 월수는 예매해 뒀던 공연을 보러 예술의전당을

가고 화요일은 발레 수업이 있는데, 물론 내가 보고 싶어서 공연들을 신청한 건 맞지만 저번 주도 할머니 장례식 때문에 왔다갔다 하느라 바빴는데, 요번주 월화수도 또 빡빡하게 일정이 있어 아주 조금 숨이 막힌다.

MBTI 파워 E이지만 계속 들어차 있는 일정은 아무래도 좀 부담이 되는 거 같다.

14:15 pm 일정이 있지만 그 때문에 나름 일찍 퇴근하는 건 좋네!! 일찍 퇴근하니까 월요병이 약간 퇴치되는 느낌이랄까.

회사 복지조항으로 넣으면 좋겠다. 월요일은 전 회사원 일찍 퇴근하는 날로.

퇴사준비 67일차 화요일
요일에 대한 미련 버리기 연습

08:35 am 요즘 요일에 대한 미련(?)을 버리고 나니까 화요일이든 수요일이든 신경을 안 쓰는 인간이 되어버린 느낌이다. 그냥 내 머릿속엔 오로지 업무를 호다닥 퇴치해버리고 퇴근하고 싶다는 생각뿐. 얼른 가서 오늘의 몫을 끝내버려야겠다 라는 다짐만 하며 출근 중. 어제 회사 힐링용 먹아이템으로 TWG 티백을 샀는데 아침에 아주 맛있는 디카페인 블랙티를 음미하며 업무를 시작해야겠다.

출근하기 전날 밤, 내일 회사에서 먹을 맛있는 무언가를 사두면 그 소확행으로 인해 다음날 출근이 덜 힘들기도 하다. 나름 지옥 같은 회사생활을 견디는 꿀팁이랄까.

<요번 주 나의 사랑스러운 일정>

월요일 : 4시 공연이라 일찍 퇴근
화요일 : 6시 발레라 일찍 퇴근
수요일 : 7시 30분 공연이라 5시 30분 퇴근 예정

그냥 요즘같이 퇴근 시간만 일찍 보장되면 나름 출근의 힘 듦을 참기가 수월할 거 같다. 나 스스로도 '오늘은 일정 있으니까 어쩔 수 없이 일찍 가야돼.' 라고 생각하고 마치 그 일정을 핑계 삼아서 무대뽀로 이른 퇴근을 합리화하다 보면 그냥 일정 없이 일찍 퇴근하는 때와는 다르게 마음이 좀더 편하다. 내 사수가 일 하고 있어도 퇴근하는 나 자신에 대해 어쩔 수 없는 거야 라고 합 리화해서 퇴근 후의 시간도 비교적 더 잘 즐길 수 있는 거 같다. 죄의식 없이(?).

에라 모르겠고 월급 받는 만큼만 일하자 이거야.

17:15 am 항상 퇴근하는 발걸음은 경보, 그 누구보다도 빠 르다.

06:54 am 오늘은 해가 뜨기 전에 출근한다. 한 달 근무시간을 미리 채우려고 하기 때문이다. 진짜 씻고 나와서 침대 이불 정리하는데, 다시 이불 속으로 너무너무 들어가고 싶었다. 아침에 제일 뿌리치기 힘든 유혹은 이불의 유혹이다. 자꾸 나보고 다시 들어오라고 이곳은 따뜻하다고 외치는 것만 같은 그런 느낌이랄까.

오늘은 그래도 또! 예술의전당에 공연이 있어, 일찍 퇴근 예정이다. 아침에도 출근해서 동기랑 커피 마시면서 수다떨 거다, 라는 건 나의 희망. 이렇게 사소한 반항으로 회사생활을 이어가는 요즘, 아침에 오랜만에 화장하려니까 너무 귀찮았다(놀러 갈 때는 화장을 해줘야 한다). 오늘 하루만 세련된 사람으로 변신하고 다시 내일부터는 편한 옷 입고 다녀야지. 친한 부장님이 나를 부를 때 '추리닝'이라고 부르신다. 회사 갈때는 주로 편한 옷을 입는데, 절대 추리닝이 아니지만 내 옷차림이 편해 보이나 보다. 갖추어진 복장을 입고 왔을 때도 추리닝이라고 부르시는거 보면 친근한 느낌, 애칭(?) 이런 느낌으로 말씀하시는 것 같기도 하다.

아주 가끔 이쁜 옷 입고 오면 "추리닝, 오늘 이쁜 옷 입고 왔네! 어디 가냐?" 하고 물어보신다. 참 어떻게 그렇게 내 옷을 잘 보시는지 신기할 따름이다. 왜냐면 난 부장님이 뭘 입었는지 잘 기억이 안 나기 때문에.

12:30 pm 저녁에 갈 예술의전당 근처 맛집을 찾아봐야겠다! 호호 다섯 시쯤 퇴근하면 되겠지?

17:04 pm 4시까지 이것저것 자료 정리하고 일하다가 네시 이십 분쯤 최종 정리가 돼서, '와~~ 퇴근 전에 다 끝냈고 내일 다른 평가 하나만 하면 되겠다^^' 라고 생각했는데 퇴근 바로 직전 메신저로 다른 부서에서 갑자기 연락이 왔다. 하지만 오늘의 나는 바쁘게 공연을 보러 가야하기 때문에, '나는 일정이 있어서 얼른 가야 된다.' 라는 합리화를 하며 메신저를 안읽씹하고 얼른 자리 정리 후 퇴근.

항상 꼭 진짜 제일 짜증날 때가 퇴근하려고 준비 다 했는데, 다른 부서에서 연락 와서 퇴근 못할 때가 제일 킹받는다*.

오늘은 그거고 뭐고 모르겠고 관심 없고 나를 위해 퇴근해야겠다. 회사가 중요하냐 내 마음 건강이 더 중요하지! 아까 검색해 둔 공연장 근처 맛집을 얼른 찾아가 봐야겠다.

〈 별거 없었던 평일 저녁의 별거가 된 저녁 이야기 〉

1. 유명한 빵집에 갔다. 빵을 잔뜩 샀다. 빵순이로서 기분이 너무 좋았지만 먹을 시간은 없었다.

2. 왜냐면 빵을 잔뜩 사서 그냥 글라스 와인 한 잔만 공연 전에 간단하게 한 잔만 하려고, 어느 작은 와인가게를 들어갔는데, 사장님이 와인 설명을 너무 잘해주시고 가격이 매우x10 합리적이며 먹다 남은 건 진공포장까지 해주신다 해서 와인 한병을 사서 깠다.

와인을 먹다가 사장님이랑 굉장히 많은 수다를 떨었는데, 사장님께서 다니시던 회사 퇴사하게 된 이유, 퇴사하고 정말 하고 싶은 일이었던 1인 와인가게를 차리고 손님 없을 때는 멍 때리고 힐링하는일. 가게 안의 크리스마스트리를 설치

하게 된 일(영문 모르고 지인에게 그냥 받으신 선물이라고 한다).

와인가격이 너무 싸서 주변 가게 사장님들이 와서 와인 너무 싸게 팔지 말라고 오지랖 둔 일,

그래서 나는 하고 싶은 대로 하시라고 그런 견제는 텃세 부리는 거라며 한 귀로 듣고 한 귀로 흘리라고 건넨 말, 그러다가 나도 5년 차인데 퇴사하고 싶다 아니면 그냥 미국으로 이직하고 싶다고 하니까 폴란드에 출장 가 있다는 사장님의 매형의 이야기(알고보니 나랑 같은 회사였던), 의사인 누나의 조카가 그려준 귀여운 그림. 나는 남편이랑 사내커플이라 점심도 같이 먹는 소소한 얘기, 그리고 이런저런 얘기들을 하다가 메뉴에 만원짜리 차돌 짜파게티가 있는데, 너무 비싸게 팔아서 양심에 찔린다는 사장님의 말에 내가 요즘 와인가게 짜파게티는 다 그 정도 한다고 했더니, 어느 평일 느닷없이 엄마부대가 와 애들 짜파게티를 가게에서 30인분 시킨 일화를 얘기해 주셨다.

사실 그때는 안 팔고 싶으셔서 "어 짜파게티 좀 비싼데.. 늦게 나오는데 진짜 주문하실 거에요..?" 하고 여쭤봤는데 엄마부대가 상관없다고 하셔서 비현실적인 주방 동선을 말해주며 한그릇 한그릇 각각 짜파게티 끓이느라 너무 힘들었다던 사장님의 스토리.

그러다 사장님이 참 참해 보이길래 슬쩍 내 친구 있는데 진짜 괜찮은데 솔로다 데려오겠다, 이랬더니 너무 좋아하던 사장님. 대화 알고리즘이 너무 웃겨 계산

할 때 MBTI가 뭐냐고 물어봤더니 ENTJ였다. 나랑 MBTI도 같다니..

와인 한 잔만 하러 갔는데 이렇게 수다 떨다가 공연 10분 전인 걸 깨닫고 후다

다다닥 공연장까지 헐레벌떡 뛰어갔던 오늘.

3. 헉헉대며 공연장을 들어왔지만 공연은 정말 너무 감명깊었다. 퇴근하기 전

까진 가기 귀찮아서 미치다가 막상 가니까 너무 큰 힐링을 얻게된 오늘 하루,

공연도 와인 가게 사장님도 빵도 너무 다 힐링이었다.

퇴사준비 69일차 목요일
회사에서 강요는 금물입니다.

08:02 am 벌써 목요일일까? 요번 주 월,화,수 다 저녁 일찍 퇴근하고 하니까 시간이 엄청 빨리 갔다. 어제 공연 끝나고 집에 오니까 열한 시여서, 씻고 소파에 앉아있다가 열두 시 넘어서 잤다. 늦게 자서 그런지 오늘 일찍 출근하려 했지만 역시나 실패, 여섯 시 반에 일어나서 씻고 다시 잤다. 하지만 완전실패는 아니고 준 실패. 한 시간만 자고 다시 일어나서 회사 가는데 머리가 너무 아프다. 오늘도 별일 없이 최대한 빠르게 지나가기를 바라며.

14:23 pm 한참 일하고 있는데 안 친한 어느 부장님이 와서 다른 일에도 관심 갖고 사람들이랑도 더 친해지라고 한다.
갑자기요??? 아니 뭐 어느 정도 안면만 트고 불편하지 않을 정도만 되면 되지 사람마다 기준은 다른 건데 왜 나한테 이런 거까지 강요하지? 회사에선 업무만 하면 안 되나? 진짜 어이없다. 인간관계까지 강요하지 말라고요.

15:58 pm 월, 화, 수 공연 및 일정이 있어서 이쁘게 입고 화장도 하고 오니까 친한 부장님이 오늘은 또 어디 가냐, 참 별거 다 해. 신기한 애야. 이러시다가 오늘 다시 원래의 자연인의 모습으로 돌아와 회사를 출근하니까 파하하 웃으시며 "다시 추리닝으로 돌아왔네!"라고 하셨다. 뭔가 그 말에서 애정이 느껴져서 기분이 좋았다.

18:11 pm 계속 어제 공연이 생각났다. 확실히 듣는 귀는 다른 사람들이랑 좀 다른 거 같은데 잘 모르겠다. 음악을 들을 때 미세하게 조율이 안된 악기들이나 박자, 이런것들이 틀린게 들린다. 내가 특별한 건지, 아님 음악공부 잠깐 했던 사람들은 모두가 그런 건지 의아하다. 정말 음악인을 만나서 물어보고 싶다.

항상 헷갈린다. 정말 내가 하고 싶은 건 뭘까? 뭐에 재능이 있는 걸까? 라는 생각을 하며 퇴근하는 오늘. 진짜 재능세포 검사지 같은 게 있었으면 좋겠다.

퇴사준비 70일차 금요일
오늘부터 무지출 챌린지

07:35 am 너무 졸리다. 금요일 돼서 체력이 모두 떨어져서 그런가, 그냥 너무 졸리다. 오늘 사수 선배 휴가인데, 커피 좀 먹고 쉬엄쉬엄 일을 해야겠다. 일찍 출근하니까 일찍 집 가야지!

요번 주에 돈을 너무 많이 썼다. 수요일에 다녀온 오케스트라 공연이 너무 좋았어서, 토요일에 있는 베를린 필하모닉까지 예약해 버렸다. 표가 싼 편이 아닌데! 미국 여행 갈 돈도 모아야 되는데! 당장 회사 가서 연말 보너스 언제 들어오나 조회해 봐야겠다. 빨리 보너스 내놔!!

진짜 미국여행(12월 말)까지 무지출 챌린지 당장 시작해야 될 판. 오늘부터 무지출 시작이다.

17:10 pm 오늘 적당히 일 있고 적당히 시간 잘 가고, 내가

하고 싶은 대로 일을 컨트롤 할 수 있었던 썩 괜찮은 하루. 퇴근 중에 가장 즐거운 금요일 퇴근이다! 퇴근~~~즐거운 금요일 저녁~~~~

　　하지만 내일 내 피와 살같은 돈이 들어간 베를린 필하모닉 공연을 보러 가기 때문에 내일 들을 곡 예습하고, 영어공부하고, 〈로키〉 시즌 2 나온 거보고, 〈더 마블스〉 영화도 봐야 되고, 할 일은 태산이다. 그럼에도 불구하고 요번 주는 꼭! 소설을 써볼 것이다. 기필코. 알찬 주말 보내기가 목표인 ENTJ의 즐거운 금요일 퇴근길.

퇴사준비 71일차 월요일
사소하게 별일이 많은 월요일

<u>08:40 am</u> 날씨가 제법 쌀쌀해져서 패딩 없이는 못사는 출근길이 되어 버렸다. 하지만 오늘은 회사 끝나고 회사 동기와 약속이 있기 때문에, 패딩 날씨에도 불구하고 코트를 입어버렸다. 하하!(월요일부터 약속이라는 사실에 조금 귀찮다. 하지만 꼭 약속 가면 누구보다도 재밌게 잘 노는 나란 사람)

저번 주 금요일에 분명 주말을 알차게 글도 쓰고 그림도 그리고 해야지 라고 다짐했는데 어림도 없었다. 항상 매 주말만 되면 하루는 밖에 놀러갔다 오고 하루는 집에서 푹 퍼져가지고 쉬기 바쁘다. 의지박약 내 자신, 이런 주말이 자꾸 반복되는데, 그래서 요번 주는 평일 자체를 주말 몫까지 평일을 바쁘게 보내 보기로 했다.

#요번주평일할일 #기필코 #하고야만다

1. 피아노 치기, 그림 그리기, 글쓰기, 영어공부

2. 디즈니, 유니버설 티켓, 빅버스투어 티켓, 뉴욕 호텔, 재즈바 예약

14:44 pm 나는 바빠 죽겠는데 옆에서 한가해서 기지개 켜며 하품하는 사수를 보는 것, 월요일 오전 가장 킹받는* 일이다. 받는 만큼 일 좀 하시라고요.

내 머리에서 불이 나는 게 보였는지, 갑자기 미안했는지 나한테 말을 거는 사수. 그냥 말 걸지 말고 같이하는 업무 나눠서 하면 안 되나? 진짜 짜증난다. 말해서 입만 아프지, 혼자서 얼른 끝내고 집 가야겠다. 도대체 회사에서 넷플릭스 보는 부장은 또 왜 회사에서 스쿼트를 하는 건지 참 가지가지다.

15:25 pm 갑자기 배가 아파서 사내 병원을 가는 중. 어제 먹은 떡볶이 때문인가, 아님 생리 직전이라 몸이 약해져서 그런 건가. 아님 감기 오려고 그러는 건가(감기 오기 전에 꼭 배 먼저 아픈 스타일).

안 아플 때는 건강에 대해 아무런 자각심을 느끼지 않고 있다가 갑자기 배가 아프기 시작하니까 신경이 쓰여 참을 수가 없다.

* 킹 받는 = 화나는

167

<u>17:10 pm</u> 배가 아픈데도 불구하고 계속 미뤄왔던 약속이 있기에, 어쩔 수 없이 지친 몸뚱아리를 끌고 약속을 간다. 그나마 다행인 점은 집 근처라는 거..? 집 갈때 편하다.(집 근처로 약속을 잡은 과거의 나 자신 잘했다^^)

퇴근과 함께 내 기분은 최고조로 달려서, 아프지만 기분만은 너무 즐겁다. 이렇게 또 지옥같은 월요일이 잘 지나갔고 요번 주 한 주가 빨리 가길 바래 보며.

p.s. 현재 나는 누구보다도 퇴사준비를 열심히 하고 있는데 아까 어떤 과장님이 "꼼지씨는 퇴사 안할 거 같아요"라고 말했다. 그래서 내가 "왜요?" 하고 되물으니 MBTI가 같아서 자기랑 비슷하지 않겠냐며 이렇게 좋은 부서에서 못 버티면 안 된다고 했다. 여기서 포인트는 나에 대해 알지도 못하면서 퇴사를 안할 거 같니 어쩌니 나에 대해 자기 마음대로 평가하는 것, 또 다른 부서는 가보지도 못했으면서 어떻게 이 부서가 가장 좋다고 생각하는 건지, 이 두 가지가 정말 짜증나고, 어이가 없고 웃겼다. 맘대로 평가하지 말라고요. 누구보다 열심히 퇴사준비 하고 있다구요(?). 진짜 하고 만다. 퇴사.

퇴사준비 72일차 화요일
회사가 싫어서 하고싶은 걸까, 정말로 하고싶은 걸까

08:08 am 월요일 약속이 지나고 오늘 저녁 나와의 약속은 발레 가는 것. 출근 전인데 오늘 저녁에도 쉬지 못하고 발레를 가야 한다는 사실이 조금 벅차다.

어제 열한 시 넘어서 집에 들어가서 늦게 잠들었기 때문에 아직도 잠이 덜 깬 몽롱한 화요일 아침이다. 아주아주아주아주아주아주아주아주아주아주아주아주아주아주 피곤하다. 비타민 가져올걸. 집에 가져가려고 내려둔 커피도 까먹고 안 가져왔네 라는 생각을 하며 출근하는 화요일. 친구들이 단체 메신저 방에서 아직도 화요일이냐는 아우성이 한창이다. 출근하기 싫다. 화요일 실화냐. 왜 화요일이냐 등등. 역시 모든 직장인들의 한마음 화요일 심정이란..

저번 주에 비엔나 필하모닉, 베를린 필하모닉 이렇게 공연을 두 번이나 보고 왔는데 그때 이후로 계속 음악 생각이 난다. 어쩌면 내가 공부하고 싶었던, 또 계속 억눌러왔던 음악에 대한 감정들이 표면 위로 스르르 떠오르는 게 계속 기분이 요상한 날들이다. 혼란스럽다. 회사가 단순히 싫어서 다른 걸 하고 싶은 건지 아니면 진짜로 음악이나 다른걸 하고 싶은건지 모르겠다. 또 이렇게 계속 다른 것이 하고 싶은 게 있는 채로 직장생활을 하는 게 맞는 건지도 참 고민이다.

너무 감명을 크게 받아서 계속 생각이 나지만 정말 잘 모르겠다. 인생은 너무 어렵다. 갑자기 기분은 센치하고 머릿속 생각은 복잡하다.

생리 전이라 그런걸까, 아니면 맞지 않는 일을 하고 있어서 그런 걸까.

퇴사준비 73일차 수요일

오지랖 좀 그만 부리세요

09:03 am 오늘 수요일..? 화요일인 줄 알고 기분 나빴다가 수요일인 걸 깨닫고 기분이 나아졌다. 하지만 수요일 아침이어도 출근하기 싫은 건 매한가지다. 그냥 싫어!!

어제 일찍 잤는데도 머리가 아프다. 영 컨디션이 꽝인 날, 일단 출근길에 신나는 음악을 귀에 쑤셔 넣어서 출근하는 사실을 좀 까먹도록 기분을 좀 가라앉혀 줘야겠다.

14:07 pm 회사에는 쓸데없이 오지라퍼*들이 너무 많은 것 같다.

#회사의흔한이상한오지라퍼 #필요없는데요

연애 안하는 사람한테 : 연애해라 소개팅해라.

* 오지라퍼 = 오지랖+er, 쓸데없이 오지랖 부리는 사람들한테 오지라퍼라고 함 **171**

(괜찮은 사람 알아서 찾아서 소개나 해주시구요?)

연애하는 사람한테 : 결혼 안하냐 결혼해라.

(결혼준비 대신 해줄 꺼예요?)

결혼한 사람한테 : 애 안가지냐 애 가지면 좋다. 애 가져라.

(대신 낳아주고 키워주실 건가요?)

전세 사는 사람한테 : 집사라 여기 동네가 좋다 한 채는 있어야된다.

차 없는 사람한테 : 차 사라 차 왜 안사냐.

(사줄 꺼예요?)

그냥 사람한테 : 운동 안하냐 나이 먹으면 운동 못한다 운동 해야된다.

왜 이렇게 쓸데없는 오지랖들을 부리는지 모르겠다. 저런 얘기를 남들한테 해서 본인이 얻는 게 뭔지 이해도 안 가고 이해하기도 싫다. 그 정도로 심심한가? 왜 이렇게 회사 외적인 일에 회사 사람들은 관심이 많을까. 이해가 안 간다.

그렇게 본인 삶이 지루하면 다른 데 에너지 낭비하시라고요. 쓸데없는 오지랖은 사양할게요.

18:10 pm 오늘도 힘겨운 월화수가 무사히 지나갔다. 지금으로선 그냥 빨리, 얼른 주말에 쉬고 싶다는 생각뿐.

퇴사준비 74일차 목요일
출근길의 주절주절, 퇴사를 하면 후회를 할까?

06:48 am 요즘 날씨도 너무 춥고 안 그래도 회사 가기 싫은데 회사 셔틀 타기도 너무 귀찮아서 매일 택시 타고 출근하는데, 오늘 만난 택시 기사님이 "밖에 춥죠?"해서 "네네.."(당황 왜 갑자기 날씨를 물으시지) 했더니 "저번에 아가씨 태웠었는데, 오늘 동탄역 왔다가 또 태워가네" 라고 하셔서 "아 진짜요?" 했다. 이런 우연이 있나 라고 생각하면서 어떻게 손님 얼굴을 기억하시지? 신기하다, 기억력이 좋으시군 이라는 생각을 하며.

오늘도 일찍 출근하는 너무 힘든 목요일이다. 잠자다가 푹 못 자고 새벽에 자꾸 깨서 너무 피곤했는데 어쨌건 집밖을 일찍 벗어나는 데는 성공했다.

내일은 그냥 정시에 출근해야지라는 생각으로 애써 위안하기. 내가 이토록 '일찍 출근하기'에 매달리는 데에는 이유가 있다. 근무시간을 +8시간 모으면 근무시간에서 −8시간 해서 공짜 (?) 휴가로 바꿀수 있기 때문에 아득바득 모아야 된다.

요즘 왜 계속 위장이 아프지 라는 생각을 하며 역시나 나이가 들면 계속 몸이 약해지나 라는 생각도 했다. 발레 2주 빠졌는데, 운동해야 되는데 라는 생각은 항상 하지만 만사가 귀찮다. 요새 왜 이렇게 모든 게 귀찮고 싫은지 모르겠다.

출근도 전인데 출근하기가 싫은 사실은 항상 디폴트.

11:01 am 오늘 오랜만에 석사 공부하러 간다고 퇴사했던 오빠가 우연히 생각나서 연락하게 되었는데, 석사 마치고 다시 한국 돌아와서 전공 안 살리고 대기업 취업 준비한다고 들었다. 입사 동기들 중에 가장 빨리 퇴사한 오빠인데, 다시 이 회사를 들어오려고 준비하고 있다는 얘길 듣고 좀 놀랐다.

다른 거 공부하고 싶다고 해서 나갔는데 다시 대기업 취업 준비를 하다니 정말 의외였다. 나도 퇴사하고 나가면 다시 취직하고 싶을까? 후회를 안하고 살아갈 자신이 있을까? 여러 생각이 떠올랐다.

13:13 pm 남편이랑 매일 점심을 먹는데 오늘은 갑자기 남

편이 "요즘 안 바빠?" 라고 묻길래 "응 어떻게 알았어?" 하니까
남편이 "요새 짜증이 안나보여." 라고 했다. 역시 귀신같은 남편.
내가 그게 그렇게 한가한 티가 났나 라는 생각을 했다 하핫.

퇴사준비 75일차 금요일

금요일 컨디션은 역시 최악

08:05 am 드디어 생리를 시작했다. 컨디션이 너무 안 좋다. 완전 안 좋은 컨디션으로 출근하려니까 죽을 맛이다. 한 50kg 되는 캐리어를 끌고 낑낑대며 출근하는 거 같은 그런 느낌이다. 지금은 배도 너무 아프고 갑자기 목도 따갑고 아파서 감기가 굉장히 의심되는데 너무 아프면 일찍 퇴근하고 집에 가서 쉬어야겠다. 감기 걸리면 안 되는데 아프기는 지독히도 싫다.

어릴 때도 생각해보면 꼭 그렇다. 아파서 꾀병 부리며 학교 빠지고 싶다가도 막상 너무 크게 아프면 너무 힘들고 절대 이 고통 겪고 싶지 않아 라고 생각이 번쩍 들고 바로 안 아프고 싶은데, 아무튼 아플 때 몸의 어딘가 고장난 느낌은 기분이 불쾌하기 그지없다.

#내머릿속에드는생각

50% : 자고싶다

48% : 아프다

2% : 배고프다

를 생각하며 출근하는 신체점수 0점 기분도 0점인 금요일!!!(분노)

<u>16:33 pm</u> 매우 한가하게 커피 먹다가 네 시 반에 퇴근했다. 즐거운 금요일 저녁, 아픈 것도 이제 느껴지지 않는다. 역시 만병의 근원은 회사.

퇴근은 매직이다. 주말을 즐기자구!!!(찐텐션)

퇴사준비 76일차 월요일

월요일에도 컨디션이 이토록 안좋다니

09:15 am 힘들다. 목요일에 분명 배가 아프더니 감기가 와버린 것이다. 금요일부터 목이 아프기 시작해서 코도 꽉 막히고 목 아프고 몸살기가 장난 아니다. 진짜 오늘 휴가 쓸까 말까 엄청나게 고민했는데, 그냥 출근하는 월요일.

월요일 아침도 싫어 죽겠는데 컨디션까지 난리 났네!! 하지만 요번 주 금요일은 휴가니까 목요일까지만 출근하면 돼서 조금만 참아본다. 요일 기분으로 치면 오늘은 화요일(금요일 하루 쉬니까)이라고 위안한다.

내 목표는 아프니까 출근해서 그냥 모니터만 보고 있기. 저번 주에 나름 나와 주말에 꼭 하자고 약속을 한 게 있었는데, 글쓰기, 그림 그리기, 피아노 치기 다 못했다. 또 달성률 0%, 진짜 언제 제대로 할래!! 그래서 언제 퇴사하겠냐고.. 엄청난 죄책감이 드는 월요일 아침이다.

11:27 am 몸이 너무 아파서 그냥 휴가 쓸 걸 후회 중이다. 나는 아픈 와중에도 일은 또 일대로 아침부터 너무 너무 눈코 뜰 새 없이 바쁜데, 옆눈으로 펑펑 놀고 있는 사수를 보니까 분노 게이지가 치솟는다.

나는 바쁘고 아파 죽겠는데, 제발 월급 받는 만큼 일하자고 요.

퇴사준비 77일차 화요일
저를 뭘로 보시는거에요? 월급 받는 만큼 일좀 합시다?

07:01 am 이제 이틀 남았다!!! 금요일이 휴가이기 때문에, 화수목 3일만 나오면 되는 것, 체감 수요일인 오늘.

오늘은 웬일로 잠을 푹 잤는지 눈이 아주 잘 떠져서 일찍 출근하는 길이다. 동기도 출근해 있으면 동기랑 커피 마시고 회의자료 작성해야지. 진짜 겨울이라 아침에 좀 일찍 출근하면 캄캄하다. 캄캄한 출근길을 볼 때면, 새벽같이 일어나서 재수 준비를 하러 독서실에 가던 과거의 내가 생각난다. 그래서 사실 캄캄한 아침 하늘은 좋아하지 않는다.

신혼여행 갔을 무렵, 센세이션 했던 게 프랑스 파리는 놀아도 놀아도 해가 안져서 보니까 무려 밤 10시였던 기억이 있다. 써머타임이 긴 파리, 그런 나라에서 살면 낮이 길어서 굉장히 행복하겠다는 생각을 했다. 단순히 낮이 길면 퇴근해도 밝아서 놀 맛 날 것 같아서. 나는 왜 이토록 다른 나라에서 살아보고 싶은 걸까? 인생은 한 번뿐이라고 생각하니까 끊임없이 새로운 걸 해보고 싶은 갈망으로 가득하다. 이토록 새로운 걸 계속 해보고 싶어하는 내가 가끔 이상하다는 생각도 한다.

08:10 am 회사에 연예인 조나단이 왔다. 그래서 구경 갔다가 싸인받았다. 내 회사 인생 가장 보람찬 순간이다. 회사에서 연예인 본 날! 아무래도 오늘부터 운수가 좋으려나 보다. 여럿이서 가서 조나단 촬영하는 거 구경하고 있다가, 촬영 끝나고 대기실로 가길래, 아이폰 내밀면서 "저기, 싸인,, 가능할까요" 라고 조심스레 물어봤는데 나단이가 웃으면서 "이름이 뭐예요?" 하고 서윗하게* 물어보고는 내 이름 석자까지 써서 정성스레 아이폰 메모장에 사인해 줬다. 그러니까 뒤에 어떤 AZ*가 요새 애들은 아이폰에 사인받느냐며 신기해했다.(회사 수첩에 싸인 받기 싫어서 그런 건데요)

11:00 am 회의가 끝나도 조나단 생각이 머릿속에서 가시질 않는다. 아무리 생각해도 여태 회사 생활 5년 동안 가장 보람찬 일은 바로 조나단 사인받은 일임이 틀림없다. 10시 회의만 아니었으면 조나단 인터뷰를 졸졸 따라다녔을 판이다. 회사 내 매

* 서윗하게 = 스윗하게
* AZ = 아재(아저씨)

신저에는 조나단의 실시간 동선까지 떠다녔다고.

  14:44 pm 행복했던 오전과는 다르게 오후는 탬버린으로 사수 선배 일하라고 내려치고 싶은 오후다. 진짜 하루라도 빨리 휴가로 튀어버릴 거다. 업무는 자기 혼자 알아서 지지고 볶든 말든 노 상관, 그냥 저런 태도가 너무 짜증난다.

  16:54 pm 오늘 오후 네시 반 사수에게 개 킹받는* 얘길 들었다.

    사수 : 놀면서 일하니까 NDA 계약 체결하는 업무도 해봐.

    나 : 네? 놀면서 일 안하는데요?

    사수 : 그 업무 별거 없어. 쉬워 어쩌고저쩌고... 메일 찾아보고,

    (내 얘기는 듣지도 않고 자기 얘기만 하는 중).

    나 : (개 어이 없는 표정)

  아니 놀면서 일한다니? 본인 일까지 내가 다 하고 있는데 개 킹받네. 진짜 '받는 만큼 일하세요'라는 얘기는 매일 나만의 마음속 동굴에서 고요 속의 외침이다. 이렇게 화날 땐 예상 퇴직금 조회 갈기기.

* 킹받는 = 화가나는

아무튼 그래서 너무 화나서 그냥 17시 정시 퇴근 갈겨버렸다. 나만의.. 발악이랄까. 일단 퇴근했으니까 불쾌한 건 다 잊고 새출발 하자고 다짐하는 중. 회사에서 기분 나빴던 일을 퇴근 후에 최대한 떠올리지 않아야 되는데 여간 어려운 일이 아니다. 오늘도 얼른 발레나 가야겠다.

퇴사준비 78일차 수요일

회사가면 치솟는 소비 욕구

08:00 am 드디어 힘겨운 월요일, 화요일이 지나고 오늘은 수요일이다. 너무 피곤하지만 그냥 지친 몸을 이끌고 출근하는 나 자신, 으른이야.. 대단해.

아무리 힘들어도 퇴사준비는 멈추지 않을 것이다. 그럼 퇴사를 하기 위해 구체적으로 어떤 퇴사준비를 하고 있나? 라는 물음을 던진다면, 일단 첫 번째로 글을 쓰고 있다. 퇴사준비 일기랑 또 다른 소설을, 일단 독립출판을 해 보는 게 목표다. 내 퇴사준비 과정을 담은, 소소한 하루하루를 임하는 마음을 구매하시는 분이 있을진 모르겠지만 일단 출판하는 것에 의미를 두고 준비하는 중이다.

그리고 또 다른 퇴사의 길은 아직 실천하고 있지는 않지만 지휘나 작곡 쪽으로 공부를 다시 해보는 것과 아예 다른 회사로 이직 준비라는 방법이 있다. 이 세 방법 모두 어찌 됐건 빌어먹을 이놈의 회사에서 벗어나는 길이다.

'무작정 퇴사부터 하고 다른 걸 준비하면 안되나?' 라는 물음이 뒤따라오는데, 내 성격상으론 그게 안 된다. 어떤 결정이든 확실한 길이 있고 판단과 확신을 내리고 가야지, 정해진 목표가 없이 그냥 무작정 퇴사부터 하자라는 건 너무 불확실성이 크기 때문이다.(확실하지 않은 건 좋아 하지 않는 ENTJ)

퇴사 또한 인생의 큰 결정. 뭔가 퇴사라는 목표를 이루기 위해 다른 걸 준비해 보는 것 또한 큰 경험이라고 생각해서 일단 직장 다니면서 두루두루 해보고 있긴 한데 현실은 어렵기 짝이 없다. 아직은 고민이 그냥 많다. 내가 이렇게 우선순위가 있는데 이직하는게 맞는지(이직은 3위), 아니면 역시 원하는 걸 제일 먼저 해야 되는지(불확실성이 큼) 의문이다. 다른 회사는 어떤지 다녀보는 것도 정말 궁금하긴 한데 참 아침부터 생각이 다시 많아진다. 일단 오늘 저녁에 다시 세 가지 퇴사준비에 대한 방안을 논의해 보는 걸로 마무리 짓고 생각을 접었다.

<u>10:24 am</u> 회사를 가면 출근한다는 것 자체로 스트레스를 받아서 그에 비례해 소비 욕구도 치솟는다. 내 생활 중 소비가 가

장 많이 이루어지는 시간은 아침 출근할 때랑 회사 중간에 스트레스 받을 때인 거 같다. 항상 점심 전후로 결제가 이루어지는 아주 합리적인 타이밍이다. 사실 사고 싶은 옷이 있었는데 사야 할까 말아야 할까 고민하다가 스트레스 받아서 결제해 버렸다.

또 택배상자 오면 남편이 무슨 상자냐고 물어보겠군. 갖고 싶은 건 또 왜 이렇게 많은 걸까? 정말 돈 더 많이 벌어야겠다.

<u>22:00 pm</u> 저녁에 심리상담 갔다 와서 씻고, 배송 온 상품 보는데 라면국물 같이 이염된 게 있어서 교환 요청을 해놓고, 친구가 차은우 유튜브 링크 올려줘서 보다 보니 저녁 시간이 쓱 어디론가 다 사라져 버렸다. 지금은 다시 잘잘 시간. 괜찮아 내일은 목요일이니까 내일만 출근하면 금요일 휴가니까 그때 다시 세 가지 퇴사준비 방안에 대해 모색해 보자고 다짐하고 잠이 드는 수요일밤이다.

글쓰기,,음악공부,,이직,,잊지말자,,퇴사준비,,

퇴사준비 79일차 목요일

저는 바쁜 사람이라구요

07:33 am 예! 오늘 하루만 더 출근하면 된다는 오늘은 목요일. 그럼에도 불구하고 가기 싫은 건 똑같다. 그래도 근래 중 오늘 수면의 질이 가장 좋았다. 덜 피곤하달까? 하루만 회사 더 가면 된다는 마음에 좀 더 편안히 숙면했나 보다.

나는 욕심이 그득그득한 사람이기 때문에 주말에 하고 싶은 것도, 해야 될 것도 또 많다. 일단 내 금요일(휴가) 계획은 점심에 압구정 로데오의 크리스마스 장식이 예쁘게 되어있는 식당에 가는 것. 그 이후엔 모르겠다! 주위 소품샵 구경하고 카페를 가지 않을까 싶다.

〈 요번 주엔 제발 좀 꼭 하자 리스트 〉

- 글쓰기

– 영어공부

– 이직 알아보기

– 음악공부 알아보기

〈 쉴때 하고싶다 리스트 〉

– 그림그리기

– 피아노치기

– 미국여행 마저 계획

– 1인 세신샵 가기

– 미용실 가서 뿌리매직 하기

– 코스트코 가서 크리스마스 용품 구매하기

이렇게 할 게 많다니! 몸이 200개라도 부족하다. 이쯤 되면 내 분신들이 각각 주어진 일을 하고 능력치와 결과물과 함께 가져와서는 나한테 다시 합쳐졌으면 좋겠다는 생각을 했다.

매주 평일에도 이렇게 할 일이 많아서 회식도 거진 대부분을 참가를 안 하는데, 그래서 그런지 나보고 "아니 집에 가서 혼자 뭐 하려고? 집에만 있어도 지루할걸? 회사를 다녀야 사람이 활력이 돌고,,,(이하 생략)" 어쩌고 저쩌고 쓸데 없는 오지랖을 부리는 사람이 꼭 한 명쯤은 있다.

저는 저 혼자로도 할 거 많거든요? 맘대로 저에 대해 단정짓고 추측하고 얘기도 하지 마시고 관심도 갖지 말아주실래요?!!!!!! 참나!!!!!!!!

됐고 오늘도 일찍 출근했으니 일찍 퇴근할 예정이다. 난 할 일이 많다고요.

17:14 pm 와! 드디어 퇴근! 내일은 휴가다! 역시 가장 도파민이 솟구칠 때는 뭐니 뭐니 해도 퇴근할 때다. 짜릿해. 요번 주는 주말 계획 꼭 목표달성 가 보자고.

퇴사준비 80일차 금요일
귀찮아도 막상 나가면 가장 즐거운 새럼*

10:48 am 오늘은 휴가! 그토록 바라고 바라던 휴가인데 막상 밖에 놀러 나가려니까 귀찮기 그지없다. 때마침 날씨도 춥다던데 밖에서 덜덜 떨기 싫은데 그냥 오늘 집에서 쉴걸 그랬나보다. 한 주의 피곤에 찌들어 있는 나는 나가 놀기로 결정한 걸 살짝 후회 중. 남편이랑 저번에 하필 또 취소가 안되는 식당을 예약해 버렸다. 하필! 왜 그랬을까 과거의 나, 아직 준비만 했을 뿐인데 벌써 나가기 너무 피곤하다.

11:40 am 지금은 지하철인데 아직 너무 피곤하다.

17:32 pm 밖에 나가서 찬바람 싸대기 맞고 예쁜 카페 가고 길거리 구경하니까 놀랍게도 피곤이 싹 달아났다. 역시 나는 밖에 나가야지 피곤이 달아나는 스타일인 게 확실하다.

* 새럼 = 사람

벌써 가게들은 크리스마스 준비를 마치고 트리 반짝반짝에 난리 났다! 벌써 연말 느낌 나는 너무 예뻤던 서울 길거리.

아침의 각종 후회들과 피곤과는 무색하게 역시 나와 놀길 잘한 휴일 1일차이다.

퇴사준비 81일차 일요일 밤

죄책감으로 얼룩진 일요일 밤

분명히 요번 주에 꼭 해야되는 리스트가 있었는데,

〈 요번 주엔 제발 좀 꼭 하자 리스트 〉

-글쓰기

-영어공부

-이직 알아보기

-음악공부 알아보기

〈 쉴 때 하고싶다 리스트 〉

-그림그리기

-피아노치기

-미국여행 마저 계획

-1인세신샵 가기

–미용실가서 뿌리매직 하기

–코스트코가서 크리스마스용품 구매하기

일단 꼭하자 리스트는 아무것도 안했다. 너무 너무 죄책감이 크게 든다. 분명 요번 주 주말엔 하려고 굳게 마음먹었는데 실패 신고를 하는 일요일 저녁이자 죄책감이 드는 저녁이다. 왜 매번 주말마다 쉬기에 급급한 나머지 계획을 모조리 실패하고 다시 평일에 꼭 퇴사준비를 하겠노라 다짐을 하고 왜 다시 주말만 되면 또다시 실패하는지. 이 악순환 정말 달갑지 않다. 요번 주말도 '회사 너무 힘들었지' 라고 생각하며 보상 심리로 쉬느라 바빴다.

평일에 다시 하기로 마음먹어 보는 미루기 바쁜 내 자신. 죄책감을 덜어내고자 나름의 계획을 세워 보려고 했지만 왜 딱 정해진 요일이 안 떠오르고 고민만 하는 건지 알 수가 없다.
(아니 근데 일단 되는 대로 각자 요일에 껴 넣어서 할 예정.. 이긴 한데 또 여지를 남겨두는 나)

방금 약 한 시간 동안 글쓰기를 해보려 노력했으나 영감이 떠오르지 않는다. 그래도 일단 글쓰기 목표는 도전은 한 걸로! 이조차로도 마음이 한결 놓였다.

요번 주 주말 왜 이렇게 순삭*이었을까

별거 해도 순삭이고 별거 안해도 순삭이면, 이왕이면 별거하고 순삭인 주말을 다음 주부터 맞이해야겠다. 일단 남은 월화수목금 평일 저녁에 뭐 할지부터 정해 봐야겠군.

* 순삭 = 순간 삭제, 시간이 빨리 지나갔음을 뜻하는 단어

퇴사준비 82일차 월요일
오늘 저녁은 미용실

09:23 am 오늘 진짜 아침에 눈이 안 떠졌다. 겨울 되니까 나도 계절에 맞춰서 겨울잠을 자는지 요즘 아침에 정말 눈뜨기가 힘들다. 오늘도 아침에 당일 휴가 쓴다는 얘기를 할까 말까 수십 번도 더 고민하면서 준비하다가 출근하는 월요일 아침이다.

퇴사준비를 어떻게 하는 것이 가장 효율적으로 하는 길인지 알고 싶다. 왜 성공적인 퇴사준비 가이드북은 없는 걸까?

요즘에 드는 생각은 리프레쉬가 절실하게 필요한 때 라는 것이다. 4월에 휴가 쓰고 나서는 12월까지 휴식이 없었다. 휴가가 몇 개 안 돼서 참고 아껴서 12월에 길게 쓰려고 장장 8개월 동안 참았다. 진짜 무진장 힘들었다.

12월 휴가까지 d-23 남은 오늘, 이 사실로 오늘 출근에 대한 위로를 삼아야겠다. 회사 점심시간에 미국 여행계획 좀 짜 봐야지. 빠르게 일 처리하고 더군다나 '월요일이니까 꼭 칼퇴근 갈 거야' 라고 다짐하며 출근하는 월요일 아침.

10:10 am 또 시작된 월요일 아침 과민성 대장, 월요일만 되면 유독 과민성 대장이 화가 심하게 난다. 시도 때도 없이 아픈 내 배.

17:00 pm 월요일 출근은 어느 때보다도 힘들지만 금요일 퇴근 다음으로 월요일 퇴근이 가장 짜릿한 거 같다. 오늘도 퇴근하려고 옷을 주섬주섬 입고 있으니까 친한 부장님이 와서 말씀하셨다.

"오늘은 또 어디가?"

"오늘은 미용실이요." 라고 대답하니까 다들 웃음이 터졌다. 왜 다들 웃는지는 정확히는 모르겠으나, 아마도 그들의 마음 속에 나는 '어떻게 저렇게 평일 저녁에 항상 일정이 있지'라고 생각하지 않았을까.

머리하는 동안 시간이 많이 남으니 틈새 글쓰기에 도전해 봐야겠다.

퇴사준비 83일차 화요일
출근하는 내내 퇴근 생각 뿐

08:24 am 오늘도 눈이 안 떠지긴 매한가지였다. 분명 6시 20분에 알람을 맞춰 놨는데, 알람 계속 끄고 눈을 떴다 감았다 하다가 최종 일어난 시간은 7시 10분이었다. 이럴 거면 7시 10분에 알람 해놓을걸^^.. 자다 깨다 하니까 더 피곤하게 시작하는 화요일 아침이다.

오늘도 어김없이 출근하면서 퇴근 시뮬레이션을 돌린다. 옷을 주섬주섬 입으며 발레 간다고 하고 퇴근하는 상상을 했다. 오늘 저녁 발레 수업이 있는 날이지만 진짜 발레를 갈지, 아니면 집에서 쉴지는 고민이다. 내 내면의 마음의 심판이 그때 가서 누구편을 들지..!

12:00 pm 폭풍같은 오전이 지나고 평화로운 점심시간.

14:12 pm 평화롭다고 말하자마자 급하게 해야 된다고 들어오는 업무와 연속된 회의, 환장의 콜라보 그 잡채*.

아무것도 안하고 주는 일만 파워 수동인간으로 하고 있지만, 더이상 이 이상의 어떤것은 아무것도 하기 싫다.

* 그 잡채 = 그 자체

퇴사준비 84일차 수요일
향기로운 수요일 저녁

08:45 am 어제 저녁엔 결국 마음의 재판관은 발레의 손을 들어줬다. 확실히 발레를 다녀오니 한결 스트레스 해소가 되는 것 같다. 사람은 역시 운동을 해야 돼.

요즘 왜 이렇게 일찍 일어나기가 힘든지, 사실 요즘이라고 하기는 좀 그렇고 매일같이 일어나기가 힘들긴 하다. 일찍 일어나고자 하는 의지가 없달까.. 내일부터는 다시 일찍 출근하는 삶을 살겠다 매일 저녁 다짐하지만 다음날 아침은 의지란 온데 간데 찾아 볼 수 없다. 겨울 동면에 빠지려고 하는 한낱 인간에겐, 정말로 어려운 일.

아침에 양치하다가 문득 아직도 수요일 실화냐 라는 생각을 했다. 근데 바로 오, 목금만 버티면 주말이군! 이라는 생각을 하며 오늘 하루도 열심히 버텨 본다.

12:20 pm 드디어 점심시간! 절반을 버텼다! 어제 발레하고 아무것도 안 먹었더니, 너무 배고파서 맛없는 회사 밥마저 호로록 들어갔다.

19:44 pm 퇴근하고 집 오는 길에 거울을 지나쳐서 우연히 거울 속에 비친 내 모습을 봤는데, 문득 너무 꼬질꼬질해 보였다. 그 모습을 보니 집에 가서 따수운 물에 푹 적셔서 좋은 향기의 바디워시로 샤워를 하고 싶어졌다. 그래서 집에 오자마자 좋은 향기의 샴푸, 좋은 향기의 트리트먼트 바디워시로 한껏 향기 샤워를 했다. 회사 일도 잊고 정말로 좋은 향기를 킁킁거리며 꽃밭에 둘러싸여 누워 있는거 마냥 릴렉스가 됐다.

갑자기 친구들 생각이 났다. 내 친구들은 회사 일에 대해 엄청난 책임감과 약간의 재미, 그리고 성취감을 크게 느끼면서 회사를 다니고 있었다. 가끔 욕은 하지만 이토록 자기 일을 사랑하고 성취감과 재미를 느끼는 것 같은 친구들을 볼 때, 되게 신기했다.

나는 전혀 재미도 성취감도 없이 단순 돈벌이 수단으로 정해진 일만 하기에.. 그리고 다른 것들이 더 재밌기도하고. 한편으로 친구들이 이해가 안 가지만 가끔 부럽기도 했다. 나는 도대체 뭘까? 내 자아는 도대체 어디에 있을까 내 인생은 어디로 가는 거지? 라는 생각을 한 향기로운 저녁.

향기에 둘러싸여 여행 계획 조금 짜고 글 조금 쓰고, 고민은 많지만 그래도 마음은 무척 편안한 수요일 밤.

퇴사준비 85일차 목요일
개점 휴업 잘한 날

07:55 am 칼바람이 부는 목요일이다. 너무 춥다. 너무 추워서 회사 가기도 싫다. 추워도 가기 싫고 더워도 가기 싫고 날씨가 좋아도 이 날씨 좋은 날 회사에 있냐며 그것도 싫다. 그래서 별안간 회사도 여름방학 겨울방학이 있었으면 좋겠다는 생각을 했다. 방학 제도를 이용해서 쉬고 싶은 사람은 무급으로 쉴 수 있게, 그럼 무급이어도 쉴텐데.

10:30 am 오늘은 오랜만에 개점휴업이다. 한가하지만 내 눈은 모니터에 두고 열심히 무언갈 하는 척을 해야 된다. 한가하다는 단어는 '머피 단어'라 절대 입 밖으로, 심지어 메신저로도 한가하다고 하면 안 된다. 진짜 내뱉자마자 일이 생기기 때문에.

그래서 절대 그 두 글자는 어디에도 내뱉지 않고 내 눈은 열심히 모니터를, 내 손가락은 동기랑 열심히 메신저를 하는 그게 내 오늘의 업무다.

18:01 pm 좋은 하루였다. 계획한 대로 모니터만 보다가 커피 한 잔 하고 집에 왔다. 날씨는 춥지만 마음은 따뜻한 연말!

퇴사준비 86일차 금요일

오지라퍼들이 시키는 감정노동

07:55 am 벌써 금요일이라니 시간이 엄청나게 빨리 갔던 요번 주다. 핫팩을 안 가지고 나왔더니 손이 너무 시렵다. 수족 냉증에게 휴대용 핫팩은 뗄래야 뗄 수 없는 한 몸인데! 오늘도 별 일 없이 무탈히 퇴근했으면 좋겠다.

09:14 am 회사에 도착했더니 사수는, 가끔 왜 이런 말들을 하는지 모르겠다.

"화장하면 확실히 다르네." "애 낳아. 한 명은 있어야 돼."

"머리 묶고 다녀. 묶은 게 더 어려 보여." "그 옷보단 이 옷이 낫다."

나는 그날그날 내가 하고 싶은 스타일을 할 뿐인데, 뭐가 안 어울리고 뭐가 잘 어울리고 이런 외모에 대한, 옷차림에 대한 품평을 왜 하는지 잘 모르겠다. 난 남이 화장을 하든 꾸미든 봐도 딱히 생각도 안 하고 말도 안 하고 그냥 관심 자체가 없는데. 그리고 군이 안해도 될 말들을 들으면 불편하기 그지없다. "야 너 화장하면 진짜 사람이 다르다" 라는 말을 들으면 그 누가 기분이 좋을까. 그냥 아무도 나에게 관심 안 가져 줬으면 좋겠다.

잡생각 그만 하고 오늘도 얼른 하고 일하고 퇴근해야겠다. 출근하자마자 퇴근 생각하는 건 국룰*이지,

<u>10:44 am</u> 또 시작이다, 사수 오지랖. 요번에 여자 신입사원이 부서에 새로 들어왔는데, 자꾸 여자끼리 친하게 지내라고 하더니 오늘도 또 쓸데없는 말 한 바가지다.

사수 : 둘이 안 친하잖아. 서초역에서 술 한 번 먹자.

친해지고 싶으면 본인이 친해지면 되는 것 아닌가? 저는 공적으로 업무만 하고 싶거든요? 감정노동 시키지 말라고요. 진짜 월급이 감정노동으로 받는 돈이라는 게 괜히 있는 말이 아니다. 정말 또 킹받는* 아침이다. 그냥 사수 발언 다 생각하지 않아야지. 그 조차도 시간이 아깝다.

<u>17:30 pm</u> 퇴근하니까 좀 나아진 기분. 역시 주말이 최고다.

* 국룰 = 국민 Rule(규칙)
* 킹받는 = 화가나는

퇴사준비 87일차 월요일

월요일 아침에는 말 걸지 않기

<u>09:10 am</u> 또다시 돌아왔다. 지옥 같은 월요일이. 오늘도 어김없이 진짜 일찍 일어나서 출근하려고 했는데, 알람을 한 열 개는 맞췄는데 너무 힘들어서 못 일어나고 계속 깼다 잤다 깼다 잤다 해서 잔 것도 아니고 안 잔 것도 아닌 그런 게 돼 버렸다. 이럴 거면 알람 늦게 맞추고 잠이라도 푹 잘걸. 항상 실패하는 모닝 루틴이다.

매번 돌아오는 월요일이지만 항상 어떻게 매번 야속한지, 즐거운 월요일은 눈을 씻어도 찾아보기 힘들다. 피곤하니까, 오늘은 저녁에 아무 일정도 없으니까, 다섯 시 반에 퇴근해서 집에 일찍 와서 찐하게 샤워하고 발 닦고 일찍 잘 준비해야겠다. 벌써 이미 내 마음은 집에 퇴근해서 뜨거운 물 맞으며 피로를 풀고 있는 상상 중. 하지만 현실은 출근하고 있는 슬픈 월요일 아침.

그나마 위로할 게 있다면, 휴가가 얼마 안 남았달까? 올해 연말은 미국에서 보내기로 했는데, 드디어 휴가까지 16일 남았다. 이백몇 일부터 기다렸는데 시간이 가만 보면 하루하루는 느리게 가는 것 같지만, 전체 큰 숲을 봤을 땐 빠르게 흘러 드디어 휴가 디데이 마이너스 십 일대로 진입했다. 뭐가 됐든 빨리 휴가로 도망가고 싶은 마음뿐인 월요일이다.

월요일 아침 내 소박한 목표는 아무랑도 말 안 하고 무사히 지나가는 것. 월요일 오전 말 안 시키기는 국룰이다.

퇴사준비 88일차 화요일

열일하고 퇴근하면 시력 -0.5는 기본

<u>07:45 am</u> 폭풍 같은 월요일이 지나고 오늘은 화요일 아침, 엄청 일찍 일어나서 출근하려 했는데 반만 성공했다. 일찍도, 늦게도 아닌 애매한 일찍 출근. 차가 너무 막혀서 내가 집에서 나온 시간보다 회사에 늦게 도착했다. 인간적으로 차 막히면 막히는 시간에 대해서 근무시간으로 인정해 줘야 하는 거 아닌가!! 억울해!! 난 이거보다 일찍 나왔는데!! 라는 생각을 했다.

어제 막 휴가 때 미국에서 가 볼 디즈니랜드랑 유니버셜 티켓을 예매했다. 미국여행이 16일 앞으로 다가오니까 조금 설레기도 하고 그렇다. 요번 주 주말엔 진짜 미국에서 뭐 할지 좀 찾아봐야겠다.

오늘도 아무랑도 말 안하고 조용히 동기랑 메신저 하다가 조용히 퇴근하는 소박한 삶을 꿈꾸며 출근 완료.

18:15 pm 오전의 소박한 목표는 실패했다. 조용은 개뿔 갑자기 오늘 일이 물밀듯이 들이닥쳐서 휴가 간 사수 대신 일 처리 하기 바빴다.

항상 퇴근할 때마다 느끼는 건데 퇴근을 하고 나면 한 시력이 최소 0.5는 떨어져 있는 거 같다. 퇴근길이 안 그래도 밤인데 갑자기 시야도 잘 안 보이고 눈앞도 캄캄해서 혼났다. 오늘 너무 많이 일했더니 현기증도 나고 심장도 두근거린다. 역시 회사는 건강에 너무 해롭다.

얼른 집가서 놀란 마음 다잡고 발레로 릴렉스 해야겠다. 꼭 운동은 갔다 오면 상쾌하고 좋지만, 퇴근하고 일에 찌든 피로한 몸뚱이를 질질 끌고 가려니 참 귀찮다. 이래서 발레 갈 수 있을까? 매번 운동 가기 전에 하는 루틴은 고민! 갈까 말까.

퇴사준비 89일차 수요일
세상에서 가장 부정적인 요일은 수요일

07:15 am 아직도 지독한 평일 속, 오늘은 수요일이다. 어제 결국 발레도 안 가고 집에서 쉬었는데, 왜 이렇게 피곤한지 모르겠다. 그냥 피곤하다. 회사고 뭐고 다 때려치우고 집에서 자고 싶다. 새벽 5시 20분에 알람 맞춰 놨는데, 10분씩 미루고 미루고 미루다 결국 6시 20분까지 자버렸다. 오늘도 일찍 퇴근해서 얼른 집 가서 쉬어야겠다는 다짐만 하며 출근하는 수요일, 저녁에 마사지 예약이 있는데 괜찮을까? 그냥 지금 당장은 피곤해서 예약을 미룰지 말지 아주 매우 몹시 고민이다.

휴가 때가 다 와 가서 그런가 왜 이렇게 자도 자도 계속 피곤한 걸까? 휴가를 여태 안 써서 방전이 된 건가? 그냥 회사가 싫은 건가 뭘까 도대체! 일이 많아서 싫은가보다. 그냥 싫다. 너무 바쁘다 싫다! 아주 세상에서 가장 부정적인 수요일 아침이다.

17:30 pm 회사에서는 굉장히 만사가 부정적이었지만, 퇴근하니까 좀 누그러졌다. 마사지 받으러 가기도 굉장히 귀찮았지만, 막상 퇴근하니 또 뜨끈하게 마사지를 받고 싶어졌다. 비를 뚫고 가는 마사지에 대한 열정. 올해는 생각해 보면 여름부터 비가 아주 많이 오는 한 해인 거 같다.

'초겨울에 이토록 비가 자주 오진 않았는데 말이지'라는 생각을 하며.

퇴사준비 90일차 목요일
저는 감정 쓰레기통이 아니에요

<u>09:00 am</u> 요즘 미국여행계획 때문에 퇴사준비에 대해 이렇다 할 성과를 못 내고 있다. 예를 들면 그림 그리기라든지, 음악 공부 다시 알아보기라든지, 이직 알아보기, 글쓰기 등등 오늘 저녁엔 아무 일정 없으니깐 좀 이것저것 알아보고 실천해야겠다.

<u>10:10 am</u> 진짜 좀 미안한(?) 얘기지만, 회사 사람들이랑 왜 이렇게 엮이기가 싫을까? 그냥 기본적인 수다조차도 하기가 싫다. 다른 부서에 있는 입사 동기랑은 친한데, 우리 부서 사람들은 뭐랄까 자꾸 내 개인적인 영역에 침범한다. 예를 들면,

'애 낳으면 좋아 애 낳는거 생각해봐라.'

'애 있으면 애랑 여기저기 같이 다니는 거 재밌다.'

'명절 땐 시부모님네 가서 하룻밤 자고 오고 그래라.'

'넌 이런 옷이 더 낫다.'

'이 머리 스타일이 낫다.'

'화장한 게 확실히 낫다.'

등등 오만 만사에 대한 참견, 오지랖과 내 얼평*, 옷평이 난무한다. 내가 하고 싶은 대로 할 거고, 귀담아듣지도 않지만 마치 자기들이 다 아는 양 업무가 아닌 나의 지극히 개인적인 영역을 침범하는 저런 말들은 너무 불편하기 짝이 없다. 그냥 입 좀 다물고 있으세요!!!

17:20 pm 오늘은 또 이런 일이 있었다. 저번 주에 보톡스 잘하는 피부과를 추천해 달라는 또래 남자애가 있어서 추천을 해줬다. 주말 내에 시술을 받았는지 요번 주에 갑자기 나보고 다시는 그 피부과 안 간다고 불같이 짜증을 냈다. 왜 그러냐고 물어보니까 간호사들이 너무 불친절하고 보톡스 하러 왔다 했더니 상담도 안 하고 바로 보톡스를 놔줬다고 했다. 그래서 속으로 '상담하고 싶다고 말 안 한 거 아닌가?' 라는 합리적 의심이 들었다. 실제로 상담실에서 상담해 달라고 말을 안했다고 한다. 본인이 말을 제대로 안해 놓고 왜 나한테 불같이 짜증을 내는 건지 이해가 안 갔다. 난 피부과 관계자도 아닌데, 내가 갔을 때는 그런 서비스를 받은 적이 없었다.

아무튼 이 사건에 대해 나였다면 추천해 준 이 피부과가 설령 마음에 안 들더라도, '다음에는 안 가야지' 라고 속으로만 생각하지, 추천해준 사람 면전에 대놓고 짜증과 불평불만을 저렇게 심하게 안할 거 같다는 생각을 했다.

나는 회사 사람들 감정 쓰레기통이 되려고 회사 다니는 게 아닌데. 이런 불필요한 쓰레기 같은 감정을 나에게 쏟아붓는 사람들에겐, 삘소리 대처법이 꼭 필요하다.

직장 내 삘소리 대처법 : 입 꾹 닫고 꼭 말해야 된다면 "아~" 라고만 하고 난데없이 가만히 있던 스마트폰을 켜 너튜브로 강아지 쉬싸는 쇼츠보기

일단, 퇴근했으니까 스트레스 받는 생각은 접어둬야겠다. 목요일 저녁을 즐겨보자고..!

퇴사준비 91일차 금요일

금요일 점심 = 마음의 평화

07:25 am 기다리고 기다리던 금요일이지만 전혀 믿기지 않는다. 요번 주 일을 너무 빡세게 했나보다. 금요일 아침 귀에 채워질 첫 음악을 열심히 골랐는데, 왠지 모르겠지만 이 쿵쾅거리는 심장을 차분하게 진정시키기 위해 빌 에반스의 〈Autumn leaves〉를 선택했다.

오늘 따라 운동한 것 마냥 심장도 엄청 두근거린다. 요번 주에 일을 얼마나 많이 했길래 그런거지;;; 무튼 내 몸속 장기 모두가 오늘 너무 힘들다고 외치는 것 같다. 오늘도 빠르게 일 처리를 하고 퇴근해야겠다.

10:26 am 아침에 갑자기 회사 친구가 자기 친구 중에 솔로인 남자 있는데 소개받을 사람 없냐며 소개팅 제의를 해왔다. 바로 사랑의 큐피드처럼 내 친구랑 연결해 줬는데, 오늘 중매를 선

일이야말로 한 주 업무 중 가장 뿌듯한 일이다.

　11:55 am 마침 회사 점심 메뉴가 너무 별로여서 밖에 나와 점심 먹을 겸, 병원 갈 겸 겸사겸사 나왔다. 한 달에 한 번 점심때 병원 가는 날이 정해져 있는데, 다음 주 월요일이 원래 예정일이지만 점심 메뉴 이슈로 오늘로 땡겨서 일찍 가기로 했다. 금요일 점심 + 바깥에서 먹는 밥 + 좋은 날씨 이 삼합은 마치 이미 퇴근한 거 같은 느낌이라 기분이 매우 좋다! 매운 컵밥 왕창 먹어야지.

　17:10 pm 왕창 퇴근하는 금요일 저녁은 뉴진스의 슈퍼샤이를 들으면서 마무리하기.

퇴사준비 92일차 월요일
휴가 전 무리하지 않기, 인생 한 번 뿐인 거 즐겁게 살기

<u>09:45 am</u> 오늘은 출근길부터 쇼핑을 하느라 지옥 같은 월요일인 걸 잠시 잊었다가 회사 정문을 들어서자마자 실감했다. 근데 월요일인데 심장과 기분에 타격이 엄청나게 크진 않은 거 보면 아마 다음 주 수요일에 떠나는 여행 때문에 괜찮지 않을까 하고 생각된다. 드디어 휴가다! 여행 갈 생각에 짐 뭐 챙기지? 어디 가지?(아직 세부 계획은 안짬) 밥 뭐 먹지? 한껏 들뜬 월요일, 이미 내 자아는 미국으로 출국한 지 1주일 차다. 미국에서 놀아야 되니까 요번 주 다음 주는 운동해서 체력 기르고, 무리하지 않고 체력 좀 아껴야겠다.

그런 의미에서 오늘도 일찍 퇴근해야지.

<u>22:00 pm</u> 퇴근을 하고 친구랑 수다를 떨었다. 원래 만나

기로 했지만, 컨디션이 안 좋아서 각자 집에서 전화로 수다 떨기로 했다. 근데 전화 통화를 무려 3시간이나 했다. 무려 수다를!!! 그만큼 끊임없이 새로운 주제가 나오는 거 보면 정말 티키타카가 잘되는 내 친구가 틀림없다. 이런 친구가 한 명이라도 있다는 것은 내 인생에 참 행복이 가득히다! 라는 긍정적인 생각이 들었다.

한편으론 오늘 부서의 어느 여자분이 돌아가셨는데 마음이 너무 아팠다. 몇 번 말해보진 않았지만 안 좋은 소식을 들으니 숨이 꽉 막히고 너무 슬펐다. 안타깝고 내 마음 한켠에도 인생이 너무 허무하다. 어떻게 갈지 모르는 인생이네 라고 생각하며 하루하루를 더욱더 열심히 행복하게 보내야겠다고 다짐했다.

퇴사준비 93일차 화요일
웃픈 여러 일화가 뒤섞인 화요일

06:50 am 너무 졸리지만, 일찍 출근하는 데 성공한 오늘은 화요일. 갑자기 어제 웃픈* 일화가 생각났다. 지난번에 남편이 미국 여행 갈 때 비자 신청 같이 하자고 했었는데, 별안간 어제 저녁 남편이 뚝딱 자기 혼자 먼저 신청을 하더니 나한테 물었다.

"비자 원래 20만 원이야?"

"아니..? 4만 원 정도밖에 안 하는데 웬 20만 원?"

비자 신청하니까 20만원이 결제 됐다고 말하는 남편. 확인해 보니까 공식 사이트랑 굉장히 유사하게 생긴 비자 대행 사이트에서 비자를 신청해서 비싼거였다. 그러니 비싸지. 그 사실을 알고 난 후 남편이 갑자기 "나는 비자 신청도 못하는 멍청이야"라고 푸념을 늘어놓으며 짜증나니까 게임을 해야겠다고 연신 키보드를 팍팍 눌러댔던 어제 저녁의 웃픈 스토리.

* 웃픈 = 웃긴데 슬픈데 웃긴데 슬픈

확실히 여행이 얼마 안 남아서, 회사에 대한 스트레스가 잊혀지는 것 같긴 하다. 여행 생각으로 관심이 아예 이동했달까? 이런 방법도 괜찮은 거 같다. 관심 이동법! 회사에 어떠한 관심도 두지 않고 추후 미래에 있을 행복한 일을 생각하고 관심을 거기에 두면 회사 다니는 게 좀 덜 고통스럽지 않을까 생각했다.

어느덧 퇴사준비 93일 차. 시간이 엄청 빠르게 갔는데, 돌아보면 나는 뭐했지? 시간 너무 빨리 간다 라는 생각이 교차하며 퇴사준비를 제대로 하고 있는지 나 자신에게 되물어보니 완전 제대로는 아니고, 그렇다고 아예 안 하는 것도 아니고 애매하다는 생각이 든다. 이제 주말에 글 안 쓴다고 나 자신을 타박하는 일은 그만뒀다. 하고 싶으면 하고 말면 말고로 변화했다. 내 자신을 타박할수록 오히려 스트레스만 더 받아서.

퇴사준비 물론 해야 되지만 스트레스 받으면서까지 하는 게 맞느냐는 생각으로 조급함을 조금 접어두고, 최대한 평일에 시간을 내서 준비해 보기로 마음먹었다.

오늘도 열심히 퇴사준비 고고!

11:10 am 지금 있는 부서는 일 년 반 전 옮겨온 부서인데, 기존 부서에 있던 사람들끼리 워낙 오래돼서, 내가 약간 아웃사이더 같다는 생각을 부서 오자마자 생 초반부터 했지만, 그렇다고 인사이더가 되고 싶지는 않다. 왜 이렇게 회사 사람들 속에 뒤

섞이기가 싫은 걸까. 그간 여러 일화 때문에 사람들이 너무 피곤해서 그렇기도 하고, 회사에 큰 애정이 없기도 하고 겸사겸사인 것 같다.

15:30 pm 회사에서 어이없는 실수를 했다. 내가 가져가야 되는 시료가 있었는데 착각해서 남의 시료를 잘못 가지고 왔기 때문이다. 원래 시료 주인한테 연락해서 내가 착각해서 본인 시료를 잘못 갖고 왔다고 말했다. 둘 다 어이가 없어서 껄껄 웃었다. 그리고는 그분이 내 시료를 가지고 가서 서로 시료를 바꿔치기하자는 즉각적이고도 치밀한 결론을 냈다. 마치 셜록 홈즈가 사건을 도모하는 기분이었다. 오늘은 무슨 웃픈* 데이일까.

17:00 pm 오늘이 화요일이라고 인지 못 하고 있었는데 부서의 나랑 친한 어떤 남자애가 아 오늘 아직도 화요일이냐고 말했다. 그 말을 듣는 순간 갑자기 화요일인 게 인지가 됐고, 요일을 인지하는 순간 너무 짜증이 치솟아 버렸다.

아직도 화요일이라고? 짜증나니까 얼른 퇴근해야지.

퇴사준비 94일차 수요일
회식은 야근 인정도 안되는 감정 노동

07:00 am 몸이 너무 지쳐가는 오늘은 수요일이다. 여행이 일주일 밖에 남지 않았지만, 아직 크게 실감은 안 난다. 조금 걱정되는 점은, 스몰톡 혹은 영어가 잘 안 나오면 어떡하지? 라는 생각이 들었다. 오늘도 얼른 일하고 집에 가서 여행계획 마저 짜고 오늘은 꼭 비자 신청을 해야겠다.

저번에도 말했지만, 이미 내 자아는 미국으로 떠난 지 오래다. 일할 때 팔과 몸만 기계적으로 움직이는 로봇인 나는 머릿속으론 미국에서 볼 NBA경기, 브로드웨이 뮤지컬, 레스토랑, 맛집을 생각하느라 아주 바쁘다. 요번 주 주말엔 진짜 여행 계획을 마무리 해야겠다는 생각뿐. 미국으로 출국해 버린지 오래된 자아를 가지고 출근하는 오늘은 수요일이다.

18:00 pm 곧 여행 가는 게 맞나 싶을 정도로 너무 바빴던

수요일이다. 너무 바쁘고 정신이 없어서 머리까지 아프다. 내가 휴가 가기 전, 일 다 해놓으라고 본인이 할 일의 몫까지 요구하는 사수에게 진절머리가 난다. 빨리 때려치고 퇴사 준비만이 절실하다는 생각뿐. 진짜 오늘은 집 가서 여행비자 신청만 하고, 퇴사준비에 진심으로 임해 보려고 한다. 일단 씻고.

사실 오늘 번개 어떠냐는 회식 제의가 들어왔는데 필라테스 간다고 뻥쳤다. 원래 화요일만 가지만 회사에는 화수 가는걸로 되어 있다. 뻥을 쳐서라도 회식은 가기 싫기 때문에, 그리고 아니 휴가 이틀 앞두고 무슨 회식이에요? 푹 쉬고 체력 충전해도 모자른데요!!

오만 잡다한 핑계를 대면서까지도 회식이 가기 싫은 이유는 근무시간도 안 쌓이는 야근하는 느낌이랄까? 또 회식에서 사적인 질문이 들어오는 것도 싫다. 그냥 주말에 뭐하니 정도만 얘기했으면 좋겠다. 그 외에 가족에 관해 묻거나 사생활적인 그런 건 다 싫다. 감정노동의 최고점이 회식 같달까. 무례한 회사 사람과의 수다도 싫다. 무언가를 사건 말건, 입건 말건, 어디에 살든 말든 그런 거에 일일이 관심 갖고 물어 보는 게 매우 부담스럽기 짝이 없다.

업무 외 불필요한 감정 노동은 사절입니다. 제발요.

퇴사준비 95일차 목요일
퇴사 총알 장전한 오늘은 목요일

07:20 am 100일 차까지 채우고 책을 내겠다는 목표를 세웠는데 어느덧 벌써 95일 차다. 시간이 왜 이렇게 빨리 지나갔지 라는 생각과 함께 그동안 제대로 퇴사준비를 잘했는지 되돌아보게 된다. 그동안 열심히 퇴사준비 했나? 힘들다고 하고 주말에 쉬고, 평일에는 글만 조금 깨작깨작 쓰고 한 나 자신이 조금 한심하게 생각된다. 퇴사준비 한다면서 말로만 엄청나게 한 것 같아서.

요번 주에 회사에서 본인상이 두 번이나 있었는데 정말 인생 별거 없다라는 큰 허무함을 느꼈다. 인생 한 번뿐인 거 좋아하는 걸 해야 되는데, 그러면 지금의 안정적인, 꼬박꼬박 들어오는 회사에서 주는 용돈을 포기해야 하고, 그럼 이제 사고 싶은 거나 여행 가고 싶은 것도 못하고 좋아하는 일에 정진해야 된다는 그런 부담감이 있다.

내가 과연 그 상황 속에서 잘할 수 있을까? 라는 생각이 들며 상상만 했을 뿐인데도 새로운 도전에 대한 두려움이 밀려온다. 심지어 예술 쪽 비전공자인 내가 전공자들과 비교해 얼마나 할 수 있을지도 의문이다. 예술을 선택하고 회사를 그만뒀다가 후회하는 일이 생길까 봐 그것 또한 두렵다. 정말 인생이란 선택의 연속인데 모든게 다 어려운 것 같다는 생각을 하며, 그런데도 선택할 때까지 끝나지 않는 이 물음표는 어디로 가야 맞을지 정말 물음표 열 개다.

11:00 pm 회사에서 인내심 바닥이 날 때는 바로 빡대가리*랑 일할 때다. 분명 저번에도 재차 최소 6번은 넘게 데이터 양식 가로 세로 사이즈(13*16이면 x=13 y=16) 맞춰달라고 했는데 그게 왜 어려운지 모르겠다. 수차례 틀려서 다시 요청하고 오늘도 또 데이터를 잘못 줘서 잘못 줬다고 다시 달라고 얘기하니까 잘못한 사람은 그쪽인데 오히려 나한테 왜 당신만 빡빡하게 그러냐고 되물어보는 사람은 도대체 무슨 생각일까.

빡빡한게 아니라 틀린거에요. 정말 회사에 있으면 있을수록 인류애는 소멸된다. "아무튼 데이터 양식 똑바로 맞춰서 다시 주세요"라고 얘기하고 끊으니까, 옆에 친한 부장님이 "왜 말 잘 안들어?"라고 하셨다.

화난 게 티가 났나보다.

17:45 pm 사수가 오늘 퇴근 전 한 시간 반 동안 얘기?x 설교o 를 했다. 업무 관련해서 너가 뭐 해야 될 거 같냐는 물음을 시작으로 나의 대답까지. 사수는 어떻게 해야지 내가 능동적으로 빠르게 일할 수 있는지 고민이라고 한다. 내가 느끼기엔 같이 하는 업무는 맞지만 나 혼자 다 하고 있다고 느끼는데, 뭘 더 얼마나 능동적으로 빠르게 하라고 하는지 이해가 안간다. 또 오늘의 설교 중 제일 이해 안 가는 건 다른 사람들이 나에 대해 왈가왈부 하고 쟤는 쟤 밑에서 뭘 배운 거지? 라는 소리를 들을까 봐 걱정 된다고 했다. 결국, 본인 평판 때문에 저러는 건가. 본인은 지금 업무 중에 몇 퍼센트를 하고 있다고 생각하는 거지 싶으면서, 본인이 나 휴가 가 있을 동안 일하기 싫으니까 또 쫄려서, 여태 나 혼자 하게 내버려두고 나 몰라라 했으니까 불안해서 저러는거지 라고 생각했다.

퇴사준비를 하는 사람한테, 아니 퇴사준비를 하냐 마냐는 별개로, 그냥 업무시간에 주어진 일, 내 월급만큼의 내 몫, 내가 할 일은 다 하는 걸론 안되는 걸까? 짜증이 치솟는 목요일 저녁 이다. 휴가를 가는데 굳이 지 하고 싶은 얘기와 불평을 늘어놓는 사수, 그리고 그 얘길 듣는 한시간 반 내내 도대체 저의가 뭔지 왜 휴가 가는데 마음 불편하게 하는지, 그냥 이해하기도 싫고 이해도 안가고 아주 짜증만 나는 시간이었다. 뭐 어쩌라고 그래서!!!!!!!! 나는 본인 휴가 갔을 때 인수인계 받아서 일처리 혼자 다 했구만.

억울해 죽어요!!!! 이놈의 회사 빨리 때려치워야겠다. 퇴사 준비를 더 장전하게만 하는 목요일이었다. 진짜 세상에는 다양한 유형의 도라이*들이 많은 것 같다.

퇴사준비 96일차 목요일 아니 금요일

무례한 말 들었을 때 되물어보기. "왜 그렇게 생각하세요?"

08:15 am 벌써 금요일이구나. 지옥 같던 한 주가 지나갔다. 출근하는데 눈꺼풀이 굉장히 무겁다. 나는 일을 나름 열심히 제대로 하고 있다고 생각했는데 사수가 그런 식으로 폄하하고 아무 일 안하고 있다는 듯이 얘기해서 집에 와서 엄마한테 전화하면서 펑펑 울었기 때문이다. 얘기를 들은 엄마도 사수 왜 저러냐고, 월급 많이 받는 만큼 후배를 잘 이끌어줘야지 자기가 하기 싫으니까 남이랑 비교해가면서까지 날 깎아내리는 미친놈이라고 했다. 그냥 아무 말 없이 할 일만 하고 퇴근하라고, 다음 번에 또 그런 말 하면 대놓고

"선배는 제가 이 일 할 동안 뭐 하실 건데요?"

"왜 저를 남이랑 비교하시는 거예요?"

"왜 그렇게 생각하세요?" 라고 되물어보라고, 까짓거 안되면 퇴사하면 되지 뭐가 문제냐고 당당하게 나가라고 말해줬다.

듣고 보니 내 가장 친한 친구인 엄마 말이 하나도 틀린 게 없는것 같았다. 역시 내 베스트 프렌드 엄마의 따뜻한 공감 섞인 말에 눈에서 눈물이 펑펑 나와서 눈이 팅팅 부은 채로 출근하는 금요일 아침. 진짜 하던 일만 아무 말도 안하고 하면서 5시에 퇴근 갈겨야겠다는 생각뿐이다.

09:14 am 출근하니까 사수는 어제 그런 소리 해놓고 미안했는지 말 안하고 싶은 나에게 자꾸 말 걸고 수고했다는 등 평소에 안하던 이상한 헛소리를 해댄다. 양심이 있으면 애초에 그렇게 얘길 하질 말던가.

뭐라 하건 신경 안 쓰고 나만의 퇴사준비 길을 갈 것이다. 그런 의미로 힘들었던 요번 주를 위해 오늘은 친구랑 불금 보내야지.

퇴사준비 97일차 월요일
가장 부담 없던 휴가가기 전 월요일

08:00 am 또다시 돌아온 월요일. 하지만 내가 아는 월요일 중에 가장 괜찮은 월요일 거라고 확신한다. 왜냐하면, 수요일에 여행을 가기 때문!!! 그래서 월요병은 덜하지만, 이놈의 생리통은 눈치없이 아프고 난리다. 그래도 긍정적으로 생각해보자면, 여행갈 때 생리가 거의 안 겹친다는 점! 천만 다행이다. 그랜드캐니언 갈 때 화장실도 못 가는데 그 생리 겹치면 재앙이라 걱정했는데 재앙은 일어나지 않았다.

사수가 인수인계하고 가라는데, 그 정도 월급 받으면 인수인계 안 해도 자기가 알아서 해야 되는거 아닌가? 그냥 나 일할 동안 자기는 팽팽 놀면서 다 떠먹여주길 바라니 울화가 치솟아서 인수인계도 안 해주고 싶은 심정이다. 얼른 인수인계 다 해버리고 다 넘겨버리고 회사용 업무폰 집에 두고 여행으로 튀어야지

ㅎ

무튼 오늘도 할 일 하고 빨리 퇴근해야겠다. 오늘도 이른 퇴근을 위해 퇴근무새*가.

19:00 pm 주기적으로 심리 상담을 받는데, 오늘은 상담 가는 날이었다. 무사히 상담 마치고 집에 들어가는 중, 선생님한 테 그간 회사에서 힘들었던 얘길 털어 놓으니 마음이 한결 가볍 다. 오늘도 행복한 저녁을 보내야지.

p.s. 남편이 오늘 별안간 여행 가는 게 걱정된다고 그랬다. "뭐가 걱정돼?" 라고 물어보니까 오랜만에 해외 나간다는 점이 걱정 된댄다. 뭐 INTP(남편 MBTI) 언어로는 설렌다는 뜻이겠 지?

퇴사준비 98일차 화요일
힘든 생각 접어두고 행복한 사실에 집중하기

<u>07:55 am</u> 결정했다! 원래 목요일부터 휴가 쓰려고 했는데 저번 주부터 계속 일도 사람도 너무 짜증나서 그냥 하루 더 붙여서 수요일부터 쉬려고 결정했다. 고로 내일부터 휴가라는 점!! 사수한테 인수인계 메일 던지고 오늘도 일찍 사무실을 떠야겠다.

저번 주 목요일 사수한테

"얘는 일 이렇게 (잘)하는데 넌 왜 그래?"

"김한심 과장처럼 너도 다른 사람들이 너랑 일하기 싫어했으면 좋겠어? 누구 밑에서 배웠냐고 하면 내 밑에서 배웠다 하면 나도 덩달아 욕먹는 거 아니냐."

"사람들이 너 싫어하기 전에 똑바로 잘해라."

등등의 폭언들을 듣고 심장이 쿵쾅거리면서 목요일 저녁에 악몽을 꾸는 등 잠을 제대로 못 잤다. 어제 상담에서 선생님이 힘든 일이 있으셨냐고 물으시기에 이런 얘기를 했다. 그랬더니 선생님께서 사수 대화 방식이 너무 사적인 영역 아니냐고, 차라리 일에 관해 얘기를 하고 싶으면 "이렇게 하면 고과 잘못 받아도 돼?" 라고 말하는 거였다고, 사수가 지극히 개인적으로 공격하는 듯한 그런 대화 방식은 누구라도 기분이 나쁜 거였다며, 사적인 대화와 공적인 대화가 구분이 안 가는 사람 같다고 하셨다. 또 회사 때문에 힘든 내가 상처 받지 않도록 잘 구분해서 듣고, 나중에 한 번 더 그런 식으로 말하면 무슨 뜻이냐고 되물어보라고 하셨다.

이런 사수의 대화 어법 자체가 상대방을 혼란스럽게 하는 '이중언어' 라고 알려주셨는데 상담 속 여러 얘기를 듣고 나니 한결 마음이 가벼워졌다. 무튼 사수의 무례한 사적 발언을 머릿속에서 지워버리고 오늘 일단 빠르게 인수인계하고 퇴근하는 데 집중해야겠다.

21:00 pm 바쁘게 인수인계하고 퇴근해서 뜨끈한 물로 씻고, 뱅쇼 따뜻하게 데워서 먹는 중. 드디어 내일 여행가는 건가? 실감이 살짝씩 나면서 한켠에는 갑자기 이 여행이 또 너무 빠르게 끝나버리면 어떡하지라는 걱정, 그렇게 시간이 안 갔으면 좋겠다는 생각들을 하며 샤워를 하다가, 문득 걱정해봤자 바뀌는

건 없다! 를 깨닫고, 휴가라는 사실을 진심으로 행복해하기로 결심했다.

미래의 걱정보다는 지금 이 순간 '휴가 가서 행복하다'라는 사실에 대해 행복한 감정을 직면하려고 노력하는 것도 일종의 내 마음 건강을 위한 것이기에. 아쉬우면 또 여행 가면 되니까 일단 지금 행복하게 잘 갔다오자라고 생각한 행복한 여행 시작 하루 전 저녁 !!

옷을 도대체 뭘 챙겨야 하지 고민하다가, 뉴진스 스타일 바지를 보고 갑자기 뜬금없는 상상을 했다. LA를 지나가다가 우연히 랜덤 플레이 댄스를 하는데, 갑자기 뉴진스 노래가 나와서 댄스하는 사람들 속 한가운데로 들어가 뉴진스 춤을 추는 뉴진스 바지를 입은 한국인은 어떤데? 라는 생각. 뉴진스 바지는 얼른 챙겨야겠다! 하고는 얼른 캐리어에 넣었다. 내일 떠나기 전에 경건하게 때도 밀고 가야겠다, 라는 생각까지.

세상에서 가장 행복한 여행 가기 전날 저녁 밤.

퇴사준비 99일차 수요일

까야아아악

오늘 드디어 여행을 떠나는 날!!

아주 설레는 마음으로 짐을 다 챙겼다.

심장이 쿵쾅거리는 게 설레서 그런 건지 뭔지 모르겠는데 무튼 절대 안정이 필요할 정도다;; 갑자기 가서 영어 못 알아들으면 어떡하지!! 뭐 여행을 가도 이거저거 즐거운 걱정이 태산이다.

♪여행에서 생긴일♬

퇴사준비 100일차 여행편

라스베이거스에서 만난 커플과 삶은 무엇인가

어느덧 미국여행 4일차에 접어들었다. 첫날부터 오늘까지 그랜드캐니언 투어를 하는 여행 일정인데, 아침부터 바쁘게 엔텔로프캐니언, 그랜드캐니언, 마지막으로 루트66 국도에가서 영화 〈카〉에 나오는 차들이랑 사진찍고 라스베이거스에서의 여행을 마무리 하는중이다. 애리조나주에서 다시 네바다 라스베이거스로 옮겨가는 투어 차량 안인데, 모두 다 잠이 들었고 나는 우연히 오늘 하루 종일 잠을 너무 많이 자서 눈이 떠졌다.

근데 너무 예쁜 노을이 눈앞에 있어서 이대로 자긴 아깝지 않나 라는 생각에 여행 중에 글을 써보려고 메모장을 열었다. 눈 깜짝할 새 여행 4일차가 되어버려서, 너무 시간이 빨리 가는 게 아닌가, 갑자기 출근하는 상상 등 오만 생각이 들지만 어서 그런 잡생각은 집어치우고 여행을 더 즐겨봐야겠다고 마음을 다잡았다.

투어에서 어떤 커플을 만났는데 우연히 같은 테이블에서 점심을 먹게 되어서 여행 얘기로 대화가 시작됐다, 우리도 내일 LA로 이동하는 일정인데, 이분들도 내일 LA로 가신다고 하셔서 보니 비행기 시간까지 똑같았다! 다른 얘기들도 하다가 전공 얘기가 나왔는데 남성분은 미국에서 도시공학과 관련 전공하신 후 석사 졸업까지 하시고 사업하시는 분이었고, 여성분은 로펌 회사 다니시다가 금융감독원 다니신다고 하셨다. 속으로 '오 두 분 다 잘 사시겠네.' 라는 속물같은 생각을 하며 한편으론 부럽기도 했다. 우리도 공대 나와서 회사 다니는데 이직하고 싶다고 하니까 그만한 데가 어디 있냐며 하시던 남성분. 저희 회사 다녀 보셨어요?! 그래서 갑자기 여행 중에 회사 생각이 났던 거 같다. 저는 저만의 회사가 가지고 싶은데요 등등 많은 생각이 들었던 하루.

아무튼 두분 다 성격이 쾌활하고 좋아 보여서 본받고 싶고 부럽고 그랬다. 나는 언제쯤 둥근 사람이 될 수 있을까? 라는 생각도 하고 우리 보고 예술하는 사람들인 줄 아셨다고. 예상이 전혀 틀렸다고 하셨다.(도대체 왜 어느포인트가 예술 쪽인 줄은 몰랐지만)

그랜드캐니언, 엔텔로프캐니언 모두 다 예전에 봤었지만

요번엔 남편이랑 오기도 했고, 다시 보니까 옛날 생각도 나고 진짜 미국 직장 생활은 어떨까? 이직이 맞을까? 뭐가 맞을까? 하는 좀 복합적이고 많은 생각이 들은 하루였다.

미국 서부 여행 중 좋은 점 또 하나, 사람들이 매우 친절하다는 것! 서로 주고 받는 메리 크리스마스, 해피 홀리데이 한 마디 한 마디들에 소소한 행복을 찾게되는 오늘은 고민을 하건 뭘 하건 어찌 됐건 여행 4일차다.

라스베이거스 숙소로 돌아가는 차 안에서 체력충전 빵빵히 하고, 또 남은 여행을 즐겨 봐야겠다. 내일은 아침 7시부터 비행기를 타야 하기에, 짐 미리 싸 놓고, 잠 일찍 자야지! 하고 다짐한 오늘은 행복한 크리스마스 이브 하루 전이자 휴가 중인 오늘.

퇴사준비 101일차 여행편

LA 호텔 로비에서 글 써보기

연말 여행 중 아주 올해 들어 가장 바쁘게 놀고 있는 요즘. 남편이랑 미국여행으로 라스베이거스 - LA - 뉴욕 이렇게 해피한 연말 보내는중이다.

너무 정신없이 노느라 인스타 업로드, 글쓰는 거 모두 까먹은 채로 펑펑 놀고 있었는데, 어제 저녁부터 글을 안쓴 게 마음에 걸려서 오늘은 글은 써 보고자 미국 LA 호텔 로비에서 모닝커피 한 잔 하며 짧은 글을 쓰기 위해 노력중이다.

로비에서 사람 구경하다가 글 쓰다가 커피 먹다가 로비옆 작은 마트 구경하다가 아주 오랜만에 여유로운 휴가 및 아침을 보내는 중인데, 미국 사람들은 왜 이렇게 다 키도 크고 멋있고 예쁜지 속으로 엄청 부러웠다. 이 정도면 여행지 미화 필터가 껴져 있는걸까?

어떻게든 스몰토크 해보려고 보는 사람마다 hello hi how are you 남발하고 다닌다는 소문이.(여행만 오면 파워 E 장착하는 나란 사람)

근데 이런 문화가 좋다. 가는 말이 고우면 오는 말도 곱다고 아무것도 아니었던 일상이였는데 누가 반갑게 인사해주면 기분이 좋달까? 서울은 지나가다가 모르는 사람한테 "안녕하세요" 하면 '뭐야 저 사람 왜 저래 아는 사람인가?' 이런 느낌인데 말이지. 아무튼 미국 서부의 스몰톡 문화는 나에겐 힐링 그 잡채*다.

호텔 로비에 작은 마트도 있는데 음료들이 완전 귀엽고 LP에, 소품들도 팔아서 구경하는 맛도 굿! LA 최고 깨끗하고 친절하고 뷰 좋은 호텔임이 틀림없다. 사실 마트 구경이 세상에서 젤 재미있는 1인이라 그럴수도.

오늘도 즐겁게 놀아보자고.

* 그 잡채 = 그 자체

퇴사준비 102일차 여행편

귀여운 미국 가족들의 아웃핏, 친절한 우버 기사님

오늘 게티 센터를 가는 일정. 게티에서 여유롭게 둘러보고 구경하다가 배가 고파져서 샌드위치를 샀다. 햄 샌드위치랑 피타 브레드를 샀는데, 나는 약간 피타 브레드라길래 샐러드에 싸먹는 그런 랩 형식의 빵인줄 알았는데 전혀 생각지 않은 중동 음식이 였다. 알아보고 살걸. 심지어 피타브레드만 사면 그냥 밍밍한 빵이었다. 그래서 뒤늦게 이상함을 깨닫고 다시 가서 후무스도 사왔는데 병아리콩에 마요네즈, 레몬즙 등등을 섞은 소스? 같은 건데 그것도 뭔가 모르게 내 취향과는 안 맞았다.(뭐든 맛있다고 잘 먹는 우리 집 남편)

게티 센터 잔디밭에 앉아서 우연히 옆을 쳐다봤는데, 가족원 모두가 흰색 상의에 청바지를 맞춰 입고 피크닉을 하고 있었다. 10명이 넘는 대가족이었는데, 옷을 맞춰 입은게 너무 예쁘다는 생각이 들었다. 디즈니랜드 갔을 때도 디즈니 티셔츠 입은 가족, 크리스마스 스웨터를 맞춰 입은 가족 등등 옷을 맞춰 입고 놀이동산 온 가족들을 봤는데 너무 귀엽고 예쁘고 좋아보였다. 나도 남편이랑 옷을 맞춰 입고 놀러 다녀야 되나?

게티 센터에서 그리니치 천문대는 우버를 타고 이동했다. 우버 기사님이 여행 왔냐고 물어보셔서 어쩌다가 스몰톡을 하게 됐는데, 이분은 자메이카 출생의 여성분이셨고, 처음에 집시였었지만 일하면서 돈 모아서 차도 사서 현재는 우버 기사를 하고 계시다고 했다. 내가 나도 미국으로 이직해서 LA에서 살고 싶다고 했더니 할 수 있다며 응원과 동시에 LA의 집값 괜찮고 안전한 지역까지 추천해 주셨던. 본인 생일에 친구랑 자메이카 여행으로 놀러간대서 생일이 언제예요? 물어보니까 4월 12일 생일이였다. 나도 4월에 생일이에요! 했더니 우리는 April girl이라며 그리니치 천문대 가는 길이 축제 그 잡채였던, 이동시간조차도 즐거운 대화를 했던 하루.

역시 우버 기사 별점 4.95점에 5000개 넘는 리뷰가 파워 공감이 갔다.

퇴사준비 103일차 여행편
부자가 되고 싶어요, 그래도 디즈니랜드는 재밌었어요

여행을 즐겁게 하고 있지만 중간 중간 생각나는 회사는 날매우 불쾌하게 한다. 정말 불쾌하기 짝이없다. 그 이유는 사수 때문인 거 같다. 사수가 여행가기 전 한 나쁜 말들 때문에 여행을 편하게 못 즐기고 있는 것 같다. 그냥 뇌를 통채로 들어 내야겠다 라는 생각을 하면서 다시 모든 속세를 잊고 열심히 놀아 봐야겠 다고 다짐했다.

LA여행 온 내내 할리우드 힐스의 멋진 주택들을 보면서 나도 꼭 부자 돼서 여기 살아보고 싶다라는 결심을 계속 하게 된다. 무의식 중에 '부자되고 싶다!' '나도 저 집에 살고 싶다!' '요번 생에는 가능할까?' 라는 생각을 마구마구 해댔는지, 어제는 꿈에 부자 돼서 친구한테 돈을 주는 꿈을 꿔버렸다. 얼마나 무의식으로 상상을 해댔으면 그런 꿈을 꿨는지 모르겠다.

지난번 게티 센터 갔을 때는, 장 폴 게티가 쓴 《〈부자되는 법〉》이라는 영어 책도 샀다. 화이팅!

어제는 디즈니랜드에 8시에 입장해서 저녁 12시에 퇴장, 장장 16시간을 있었는데 처음에 디즈니랜드 뉴 버전 패치가 안 된 채로 가서 좀 많이 헤맸다. 마지막으로 왔던 십년 전 디즈니랜드 기억을 가지고 갔더니 '어 여기 이거 아니었는데!!' 하고는 다른 데 가고 여러 시행 착오를 겪다가 디즈니랜드 어플로 패치를 새로 했던 하루. '어플도 있었네 이런 좋은 세상' 이라고 생각하며. 남편은 피곤했는지 숙소를 오고 가는 우버에서 내내 졸고 심지어 차안에서 코도 골아서 깨웠더니 "코골았어?! 내가 언제잤지??" 하고 본인이 잠든 줄도 몰랐던 이야기.

와중에 디즈니랜드에 베이맥스 풍선 귀여웠는데 못사서 너무 아쉬웠다 쩝.

잠들기 전에 '내일 카페가서 글 쓸 수 있을까?' 라는 걱정을 하며 잤는데 눈이 자동으로 떠져서 호텔 루프탑에서 내 미래 목표 할리우드 힐스 하우스 쳐다보며 커피 한 잔과 함께 글을 끄적이고 있는 오늘 아침. 캬 휴가는 이 맛이지.

퇴사준비 104일차 여행편

베버리힐즈에서 만난 즐거운 인연들

오늘은 그토록 좋아하는 부의 끝판왕인 베버리힐즈를 갔다. 베버리힐즈의 가장 유명한 로데오 드라이브 및 각종 명품 매장들을 지나쳐 베버리힐즈에 위치한 핫한 브런치집을 가서 느긋하게 아점을 먹었다. 테라스에 앉아서 브런치를 먹고 있는 동안 각종 명품 가방을 들고 지나다니는 예쁘고 멋있는 언니들을 보며, 어떻게 저렇게 이쁠수 있는지, 코디도 완벽한지, 가방도 어쩜 찰떡같이 소화했는지 구경하는 맛이 있었다.

아점을 먹고 지나가다가 파리에서 맛있게 먹었던 마카롱집이 베버리힐즈에도 있어서 들어가서 마카롱에 차를 먹으며 남편과 수다를 떨고 있었다. 근데 옆자리에 어떤 금발 여자분과 엄청나게 귀여운 강아지가 앉아서, 강아지에서 눈을 못떼고 너무 이쁘다 하다가 만져봐도 된다고 하셔서 쓰다듬었는데 얼마나 성격이 좋던지 반갑다고 나한테 격하게 인사를 해줬다. 강아지가 아는체 해 줘서 너무 좋았다! 말티즈였고 이름은 스펜다, 털은 까만색이랑 흰색이 섞여 있었는데 진짜 너무 너무 귀여웠다. 절로 부모님 집에 있는 우리 갱얼쥐 생각이 났다.

(우리나라는 반려동물 동반 가능이라는 표시가 있어야 그나마 테라스에 데려갈 수 있는데, 미국은 아무데나 당연히 데리고 갈 수 있어서 너무 좋아보였다. 강아지 안지도 않고 그냥 훅 가게를 들어간다는 점도).

차를 다 마시고 나와서 여러 매장을 구경하다가 베버리힐즈에 있는 폴로 매장에 들어갔는데, 남편이 옷에 눈을 못 떼길래 하나 사라고 했더니 고민하다가 비싸다고 그냥 나왔다.(폴로는 남편이 가장 좋아하는 옷 브랜드 중 하나다) 그러곤 폴로 매장 주위를 계속 배회하길래 남편이 깔끔하고 댄디한 옷은 없었고 안 그래도 사주려던 참이었어서 가서 맘에 드는 거 사라고 사 준다고 하니까 엄청 신나하며 다시 매장에 부리나케 들어가던 우리집 대형 댕댕이*.

폴로 매장에서 처음에 고민하다가 그냥 매장을 나갈 때 궁금한 거 있으면 물어보라고 했던 굉장히 스타일리시하고 친절하신 흑인 직원 아저씨가 있었는데, 우리가 다시 들어가니까 "오

* 갱얼쥐 = 댕댕이 = 강아지

다시왔네!" 라고 말하고 턱 고개를 위로 끄덕 하더라. 미드에서 만 보던 흑인들 인사법이었다!! 그래서 내가 우와 진짜 저렇게 인사하네 하고 쳐다보고 있었는데 남편도 고개를 위로 끄덕 하면서 맞(?)인사를 했다. 흑인들이 끄덕할 때 답례인사?로 끄덕해 줘야 된다면서 유튜브 쇼츠에서 봤다고. ㅋㅋㅋㅋㅋㅋㅋㅋ 답례로 같이 끄덕하는게 너무 웃겼다. 어디서 본 건 있어가지고..

무튼 폴로 매장에 다시 들어간 우리는 남편의 이쁜 옷을 골라주기 위해 이옷 저옷 보면서 입혀보고 있었는데, 내가 XL 사이즈가 남편한테 적당한 것 같다고 하니까 매장에 있는 모든 XL 사이즈를 가져다 주시고 탄산수도 가져다주셨다. 갬덩*.. 진짜 행동과 말 하나하나 모두 예의랑 매너 기품이 철철 넘치셔서 남편 옷 입어 보는 동안 수다를 엄청 많이 떨었다.

수다를 떨던 중 여기서 사냐고 여쭤보시길래, 한국에서 왔다고 휴가라고 하니까 너무 좋아 보인다고! 한국 여행 가고 싶다 진짜 갈 계획이다 라고 하시길래 오라고! 얘기하고는 LA 사람들 너무 다 따뜻해서 좋다 얘기했더니 고맙다고 인사하시는 등등의 따스한 대화를 주고 받아서 완전 또 LA 사람들에게 힐링 받는 순간이었다.

* 갬덩 = 감동

남편이 니트 두 개 중에 고민하고 있었는데 쇼핑하던 어떤 아저씨가 본인 옷 고르다 마시고는 남편 보고 까만색이 더 이쁘다고 얘기도 해주셨다. 이렇게 모르는 사이에도 대화를 한다는 분위기가 너무 따스하고 좋았다. 아까 그 아저씨가 니트 입어볼 때 사이즈가 작아 보이지 않냐고 직원한테 물어 봤었는데, 내가 보기엔 작아 보인다고 얘기해 줄걸.. 이라는 생각도 했다. 실례일까봐 얘기 안했는데!!

무튼 쇼핑을 했지만 그보다 더한 힐링을 받고 온 폴로 매장이었다.

퇴사준비 105일차 여행편

뉴욕 가면서 시간 도둑맞기

뉴욕으로 넘어 가는 날. 뒤에는 짖는 멍멍이 옆에는 우는 애기. 하지만 새벽 다섯 시에 나왔기 때문에 너무 졸려서 아랑곳 하지 않고 계속 잤다. 하지만 분명 LA에서 뉴욕까지 네시간 반 걸리고 우리는 7시에 출발했는데, 뉴욕 도착하니까 오후 3시 30 분.

원래 오전 11시 30분이어야되는데! 비행기 타면서 4시간 을 도둑맞아 버렸다.

퇴사준비 106일차 여행편
진짜 맛있는 뉴욕 베이글을 먹은 미소가 가득한 한국인

새해 푹 자고 느지막히 일어나서 뉴욕은 베이글이지! 하고 맨해튼 웨스트 쪽의 유명한 베이글집으로 향했다. 난생 처음 타보는 악명 높은 뉴욕 지하철은 생각보단 찌린내나 마약 냄새가 덜했지만 그래도 냄새가 중간중간에 치고들어와서 나도 모르게 인상이 찌푸려졌다.

뉴욕 사람들에겐 일반적인 지하철이지만, 서울 사람으로서 일반적인 냄새는 아니라 계속 인상을 찌푸리면, 행여 지나가던 동양인 관광객은 맨날 화나 보인다라는 안 좋은 인상이 새겨질까봐, 애써 웃고 다니느라 힘들었다.

가끔 관광객으로 갈때 이런 부분이 신경쓰이긴 한다. 여행오면 내 하나의 행동이 모든 동양인이나 모든 한국인을 대표할까

봐 굉장히 더 조심스러워진달까.. 무튼 애써 웃으며 지하철로 다섯 정거장을 지나 웨스트 맨해튼의 브루클린 베이글이라는 집으로 향했다. 처음에 밖에서 베이글 집을 봤을 때, 멀리서 봤을땐 베이글 집 앞이 너무 조용해서, 우와.. 문 열린 거 맞나 생각을 했는데, 막상 베이글 집 안으로 들어가니, 서있을 공간이 없을 정도로 사람이 빽빽하게 많았다. '와 이 정도로 인기 많다고..?' 라고 생각하고는 가장 인기 많은 메뉴인 연어크림치즈 베이글을 시켰는데, 연어도 생연어에 대파크림치즈와 너무 잘어울리고, 빵도 바삭 쫄깃해서 처음에 느끼하면 어떡하지라는 걱정이 무색하게 너무너무 잘먹었다!! 아침으로 먹었는데 저녁까지 배가 안꺼져서 왜 뉴요커들이 한 끼를 베이글로 때우는지 알겠다라는 생각이 들었다.

그러고는 웨스트 맨해튼의 구석구석을 구경하기 시작했는데, 의외로 맨해튼 변두리(?)는 무서울 줄 알았던 서울 촌놈이었지만, 오히려 맨해튼 중심부보다 깨끗하고 귀여운 가게들이 많아서 구경하느라 시간가는 줄 모르고 너무 재밌었다는 후일담!

야경에 새로 생긴 허드슨야즈 쇼핑몰까지 알차게 보고, 뉴욕에 놀러와 있던 남편 친구네 부부를 만나 수다를 떨며 행복하게 뉴욕의 하루를 마무리한 날이었다!

p.s 지나가다 뉴욕 슈퍼마켓 같은 델리를 봤는데 거기는 무슨 햄버거 같은 밥류부터 꽃(생화)까지 안 파는 게 없었던 신기한 델리집이었다. 한국으로 치면 순두부찌개 가게에 생화를 곁들여 파는 그런 느낌이 아닐까..

오늘도 너무 신기하고 재밌었다. 그리고 뉴욕 야경 최고!

퇴사준비 107일차 여행편

여행지에서 무언가 하나씩 꼬인 그런 날

오늘 호텔을 옮기는 날이었다. 써밋 전망대를 예약 못했기 때문에 워크인으로 가려고 아침 7시에 일어나 부리나케 준비하고 체크아웃 후 전망대 가는 길로 나섰다. 8시 20분경 전망대 1층 매표소에 도착했는데, 9시 입장 줄이 엄청 길게 서 있었고, 분명 전망대 홈페이지에서 워크인으로 티켓 예매 가능하다고 해서 졸린 거 참고 부랴부랴 갔는데 이미 매진이라고 직원이 안된다고 했다. 허탈한 채로 이틀 후 저녁으로 예매를 하고(안될 줄 알았으면 잠이라도 잤지..) 울렁거리는 빈속을 채우기 위해 또 뉴욕 베이글 집인 에싸베이글로 향했다.

겉으로 봤을 때 또 엄청 조용해 보이고 어둡길래 '전망대 실패하고 여기까지 왔는데, 또 닫은 거 아냐?'라는 걱정을 10초 동안 했지만 웬일, 걱정이 무색하게 베이글집 안은 출근하는 뉴요커들과 일부 관광객, 다수의 직원이 바글바글했다.

베이글을 먹는 내내 오늘 오전부터 계획에 실패한 슬픈 J는 혼란스러웠다. 베이글 집에 온 것도 급작스러운 J답지 못한 선택이어서 베스트 메뉴 조합도 모르는 채로 왔지만 어째 저째 연어베이글과 계란베이글 중 고민하다가 그냥 눈에 보이는 계란베이글로 선택했다. 어버버하면서 베이글을 주문하고 아무 것도 안하는 남편을 속으로 원망하며 바쁘게 베이글을 포장해 가는 뉴요커들 사이에서 허탈한 표정으로 자리에 앉아 '아 현타 디지게 오네..' 라고 생각하면서 계란이 듬뿍 들어있는 베이글이랑 블랙커피를 호로록 마셨다.

먹는 내내 '아 전망대 미리 예매할걸, 슬프네, 오늘 뭐하지, 먹고 어디 가야 되지..?' 등등의 복잡 미묘한 감정이 들었다. 그리곤 졸린 눈을 뒤로 하고 일단 따뜻하고 배가 살살 아파 화장실이 있는 깨끗한 곳으로 가야겠기에 여행 후보지에 있었던 뉴욕 공립 도서관으로 향했다.

뉴욕 공립도서관은 생각보다 더 웅장했다. 사진으로도 봤지만 사진보다 더 웅장해서 진짜 이런 곳에서 공부하면 공부할 맛 나겠다라는 생각을 하며 절로 하버드를 가고싶게 만드는 도서관이 분명하다고 생각했다. 도서관 내부 천장을 비롯해 벽, 조각 등 하나 하나가 유럽 풍의 공부하고 싶게 만드는 박물관을 와 있는 것 같다는 생각을 했다. 도서관에 와서 여유롭게 앉아 있으니 출렁이던 마음이 다시 차분해져서 아침에 나빴던 기분은 그만 두고 얼마 안 남은 여행을 즐겨야겠다는 긍정적인 생각으로 전환되는 지금 이 시점이다.

원래 스케이트를 타려 했으나, 아무리 생각해도 브라이언트 파크 스케이트는 저녁이 트리 조명도 있고 더 예쁠거 같아서 급작스럽게 저녁으로 바꾸고 뉴욕 맨해튼의 남쪽인 소호로 향했다. 약간 한국으로 치면 성수동 느낌이었는데, 각종 패션 관련 가게들이나 아기자기한 상점들이 많았고 미드에서만 보던 옆면이 다닥다닥 붙어있는 뉴욕 건물들이 많아서 굉장히 신기하고 흥미로웠다. 나이키 매장도 갔는데 세일하고 있길래 운동화 하나 살까 했지만 남편이 한국 사이트에서 검색해 보더니 한국이 더 싸다고 해서 그냥 안 샀다는 이야기. 쩝..

그러고는 소호 매장들 구경하다가 요가복 매장을 갔는데 너무 맘에 드는 게 많아서 이것저것 입어보고 싶었지만 남편이 시큰둥하게 빨리 가자는 눈으로 쳐다봐서 기분 상해서 안 입어보고 그냥 나왔다.

그리곤 또 지나가다가 우동집을 발견해서 점저를 여기서 먹자 해서 또 급작스럽게 들어왔지만 추운 날씨에 아주 걸맞는 우동집이었다. 뜨거운 사케에 쫄깃한 면발, 구수한 우동 국물, 튀김도 너무 맛있었고 아주 입과 마음 공기 삼박자에 따뜻하게 스르르 녹았던 우동집이었다. 셰프가 일본 사람이었다고, 근본있는 맛집을 뜻밖에 찾아와 버린 행복한 오늘.

p.s 요가복 못 입어본 게 계속 눈에 밟혀서 숙소 근처에 있는 요가복 매장 가보자고 남편한테 말했는데, 별안간 남편이 호텔에서 짐 정리를 하는 둥 딴전을 피워서 짜증이 굉장히 났다.

퇴사준비 108일차 여행편

비자발적 노팁데이

오늘은 노팁데이였다.

왜냐하면, 아침 점심 저녁을 치폴레, 맥도날드, 타코 포장으로 해결했기 때문이다! 심지어 카페도 테이크 아웃으로 바로 가져가서 정말로 노팁데이가 돼 버렸다.(하지만 뉴욕 물가는 그래도 비쌌던)

아침에 간만에 늦잠 자고 열두 시 즈음 나와서 치폴레를 먼저 갔다. 거기서 먹은 보울은(밥+야채) 하나만 시켰는데도 남편이랑 나랑 둘이 먹기엔 충분했다. 하나 시켜서 나눠먹었는데 엄청나게 배부르다. 항상 먹을 때마다 '이게 미국사이즈지' 생각한다.

그렇게 든든하게 배를 채우고 블루보틀 한 잔씩 들고 오번

가의 샥스 백화점으로 향했다.

원래 샥스 백화점은 크리스마스 시즌에 백화점 겉면을 화려한 조명으로 장식하고, 매시간 정각마다 조명쇼를 하는 걸로 유명한데, 남편이랑 실제로 뉴욕 백화점 내부는 어떤 느낌인지 궁금해서 들어가 보기로 했다. 근데 웬일, 우리나라 같으면 샤넬 따로, 디올 따로 백화점 안에 브랜드마다 각각 매장이 있어서 따로 따로 들어갔다 나왔다 웨이팅도 걸고 해야 되는데 미국 백화점은 그냥 경계 없이 그런 물품들이 다닥다닥 다 붙어서 전시되어 있어서 단시간에 구경하는 맛이 났다. 뉴욕에서 워낙 유명하고 오래된 백화점이기도 했고 전시된 형식이나 매장 형태가 한국과 굉장히 달라서 참 신기했다. 짧은 찰나에 많은 쇼핑을 학습한 것만 같은 기분이었다.

그렇게 매장을 돌아다니다가 뉴욕 명품 거리인 5번가 근처에 굿맨 백화점을 또 가봤는데 여기는 더욱더 오래된 백화점이라 좀더 빽빽하게 각종 상품들이 전시되어 있었다. 굉장히 비싼 명품들을 유니클로 내에 상품 모아놓은 거 같이 다닥다닥 진열해놔서 거리감이 덜하고 오히려 신선했다. 또 직원들도 손님에 관심이 별로 없었다. 한국 같으면 한 명품매장 들어가면 직원 한 명이 붙어서 각양각색의 상품들을 보여주는데, 뉴욕 백화점 직원들은 딱히 신경을 안쓰고 물어보는 경우에만 대답을 해줬다. 이것도 굉장히 뉴욕스러웠다. 서부의 베버리힐즈에는 각각의 명품 가게들이 크게 크게 있고, 들어가면 각종 음료 서비스에 사이즈를 말해주면 상품들까지 좌르륵 보여주는데 참 서부와 다른 느낌인 거 같다 뉴욕은! 그래서 남편은 오히려 관심을 안 주는 뉴욕이 좋다고, 나는 관심을 주는 서부가 좋은데 이런 성향 차이도 있네 라고 생각했다.

백화점 투어를 마치고는 현대미술로 유명한 모마 미술관을 갔는데, 작품들 하나하나가 참 독창적이고 재밌었다. 모마에서 이토록 시간을 오래 보낼 줄 몰랐는데 거진 네 시간을 미술관에서 보내고 나오니까 공부한거 마냥 머리가 팽팽 돌았다. 그만큼 넓고 볼 게 많았던 모마다. 원래 미술에 크게 관심이 없고 그전에 루브르 박물관이나 미술관들을 갔을 때도 굉장히 빠른 속도로 흥미 없이 보고 나왔었다. 뭔가 왠지는 모르겠지만 중세 미술이나 인물화들을 보면 뭔가 그 인물화 속 사람이 날 쳐다보는 것 같기도 하고 그림의 내용이 무섭기도 했다. 때로는 하나의 전시장에 인물화가 많을 경우에 모두가 날 쳐다보는거 같아서 공황이 오는거 마냥 답답하고 무서운 느낌이 들어 인물화는 어째 됐건 별로 안 좋아하는 편이다. 또 전쟁을 풍자하는 그림이나 가학적인 그림들도 보면 공포감이 들어서 안좋아하는 편인데, 모마는 현대미술이 주로 있어서 보는 재미도 있었고 특히 캘리그라피가 굉장히 인상적이였다. 그 문장을 쓴 작가의 의도도 생각해 보고, 맞춰 보기도 하고, 다양한 색감에 화려한 시각미술까지 아주 다채롭고 영감을 많이 받은 모마 미술관이었다.

그 후 센트럴파크를 가려 했으나 해가 뉘엿뉘엿 다 지고 있어서 센트럴파크는 내일 가는 걸로 기약하고 저녁을 먹으러 폴로 레스토랑으로 향했다. 밥 먹을 수 있냐고 물어보니까 예약제로만 운영한다고 해서 힝ㅠㅠ 하고 맥도날드를 먹으러 갔는데 이상 타의적인 노팁데이가 된 사연이였다. 그러고는 티파니 본점을 구경했는데 5층에는 놀랍게도 〈티파니에서의 아침을〉이라는 영화에 나온 장면과 오드리 햅번 전시가 조그맣게 있었다! 오드리 햅번도 구경하고, 알로 가서 요가복 쇼핑도 하고, 알찬 저녁시간과 리즈너블한 팁 없는 저녁식사를 해결했다는 오늘의이야기.

나머지 남은 이틀도 가장 행복하게 보내는 게 여행 이틀밖에 안 남은 현재의 마음가짐이다! 또 하나의 목표는 남편한테 짜증 그만 내기도.

퇴사준비 109일차 여행편

귀여운 센트럴파크와 재즈바에서 만난 멋진 노부부

추운 날의 센트럴파크 가는 중. 전봇대에 전단지가 있길래 보니까 컴퓨터 고쳐드립니다! 출장 방문 광고지였다. 남편은 그 조차도 신기하다며 전단지에 있는 작은 번호란을 하나 가져와서 자기 주머니에 넣었다.

미드 〈가십걸〉 광팬이었어서, 촬영지였던 박물관에 방문했는데, 드라마 속에서만 보던 계단에 여자 주인공처럼 앉아서 추운 날씨 벌벌 떨며 샐러드를 먹어봤다. '여기 앉아서 주인공 같이 요거트를 먹으면 이런 뷰군.' 이라는 생각을 함과 동시에 너무 추워서 요거트보다는 뜨거운 오뎅국물이 먹고 싶었다고. 남편은 연신 블레어(여자주인공) 아니냐며 카메라 셔터를 눌러댔지만, 나중에 보니 사진은 마음에 안들었던(나는 왜 패딩에 레깅스를 입었을까). 옆에 보니까 어떤 여자애 두 명도 계단에서 사진을 찍고 있었는데, 진짜 블레어처럼 프레피룩까지 차려입고 사진을 찍는 모습을 보고 춥지만 사진은 정말 예쁘게 나오겠다 라는 생각을 했다.

추워도 센트럴파크는 둘러봐야지 하곤 남편이랑 한 바퀴 산책, 센트럴파크는 맨해튼의 광활한 자연답게 정말 엄청 넓었고, 다람쥐들도 많았다. 강아지를 열댓 마리씩 산책시키는 사람도 있었고, 또 강아지 두 마리랑 놀아주는 아저씨도 있었다. 너무 귀여워서 강아지 너무 이쁘다고 소리쳤더니 아저씨가 "고마워요. 귀엽긴 한데 공 맨날 던져 달라면서 던져주면 공 근처에 뛰어가서 앉기만 하고 절대 안 가져와요. 방금처럼요." 라고 말하셨다. 너무 웃긴데 귀여운데 웃겼다.

센트럴파크 산책 후에는 맨해튼의 어퍼이스트사이드를 둘러봤다. 여기저기에 블레어 집같은 고급 아파트먼트들이 많았다. 신기했다. 정말 미드 한가운데 들어와 있는 느낌이랄까.

그러고 추운 몸을 녹이기 위해 폴로 카페를 들어갔다. 코코아랑 커피, 쿠키, 크로아상을 시켰지만 맛은 둘째 치고 뉴욕에 가본 카페 중 폴로 커피가 가장 친절했다.

탑오브더락에 올라가서 노을을 보려고 전망대를 올라갔는데 올라가서 전망대 안 카페에 앉고 나니 노을 보려고 온 사람들이 굉장히 많아져 자리 전쟁이 됐다. 일찍 들어와서 구경하고 앉길 잘했다고 느낀 순간이었다. 핫초코를 먹다 보니 노을이 져서 밖에 나가서 구경하는데 매서운 추위가 내 볼싸대기를 때려서 나간지 10초만에 너무 힘들어졌다. 나는 노을을 다 봐서 후다닥 내려가려는데 남편이 실외 전망대에서 안 들어와서 추운데 짜증이 솟구침과 동시에 남편을 버리고 나 혼자 전망대를 내려가 버렸다. 혼자만의 시간을 보내며 아래 가게에서 구경하고 있으니까 어디냐며 알아서 잘 찾아오는 남편. 역시 뭐든간에 행동으로 보여줘야 된다.

언제 봐도 적응 안되는 라커펠러센터 트리 너무 이쁘다. 뉴욕은 참 트리 장식을 잘해놓는 것 같다. 뭐든지 스케일이 큰 미국이다. 이제는 뉴욕에 몇일 있었다고 꽤나 지리도 잘찾는다.

뉴욕에 와서 가장 해보고 싶었던 것 중 하나가 재즈 클럽에 방문하는 것이었다. 원래 재즈를 너무 좋아해서 그런가 본고장에서는 어떤 연주가 나올까 기대도 됐다. 우리는 디지스 클럽을 방문했는데, 대부분이 4인 테이블이라 2인으로 가면 모르는 사람과 합석을 하는 그런 시스템이었다.

우리 맞은편에는 노부부가 앉으셨는데, 할아버지는 왕년에 에디슨이 차린 회사에서 부사장직까지 하신 높은분이었다. 지금은 메사추세츠에 살고 계시고 아름다운 아내분이랑 연말 여행 오신 거라고 알려주셨다. 재즈에 대해서 누구의 연주가 가장 좋은지 연신 토론하다가 두 분 사이 너무 좋아 보인다고 보기 좋다고 했더니 할머니 할아버지는 서로 재혼하셨다고 말씀해 주셨다. 우리 보고 아기는 있냐고 물으시길래 아직 애기 생각 없다고 대답했더니 애기 없는 게 편하고 좋다고 둘이서도 충분히 즐겁게 살 수 있다고 따뜻하게 말씀해주셔서 재즈 공연을 보러 왔지만 할머니 할아버지와의 수다가 정말 큰 힐링이 됐다.

나는 여행의 묘미를 이 부분에서 느끼는 것 같다. 새로운 거 보고 느끼는것도 좋지만 모르는 사람과의 대화에서 엄청나게 에너지를 많이 받고 내 시야도 넓어지는 것 같다는 느낌에 중독이 된달까. 이 때문에 여행을 끊지 못하고 계속 다니는 것 같다.

퇴사준비 110일차 여행편
숙취가 너무 심하지만 관광은 해야돼

어제 재즈바 갔다가 기분이 너무 좋은 나머지 과음을 해버렸다. 재즈바에서도 끊이지 않고 마시고, 또 집 오는 길에 바에 들러서 또 마시고, 아주 알콜로 얼룩진 저녁이었다. 너무 기분이 좋은걸 어떡해! 덕분에 아침에 너무 힘들었다. 진짜 위장에 대장에 오만고생을 다하고 여행 와서 이게 무슨 짓인지. 다음부터는 아무리 기분 좋아도 술은 자제하는 걸로.

오늘은 그냥 여유롭게 월스트릿 쪽을 둘러보고 시즌 세일하는 샥스 백화점에 들러 남편 신발까지 득템했다. 저녁엔 뮤지컬을 봤는데 처음에 나는 뮤지컬에 대해 딱히 생각이 없었지만 남편이 브로드웨이 왔는데 어떻게 뮤지컬을 안 보냐며 〈라이온 킹〉을 보자고 해서 그냥 봤다. 근데 이건 정말 남편 말 듣기 잘한 선택이었다.

지금 컨디션은 좀 피곤하지만 여행이 끝났다 생각하니까 그럼에도 아쉽다. 다음 여행은 언제가 될까. 갑자기 아까 뉴욕 지하철 안에서 뉴욕 지하철 너무 편하고 깨끗하다고 혁신이라고 칭찬하던 가족끼리 놀러온 미국 서부 사람들이 생각났다. 속으로 한국 오면 좋아하겠다 라는 생각을 하며 한국 여행오라고 스몰톡 하고 싶었지만 숙취가 심해서 참았다.

남편이 짐을 챙기는데 스웨터 하나가 없어졌다고 해서 왜 없어졌지 하고 곰곰히 생각해 보니까 산타모니카 호텔을 마지막으로 스웨터가 가방 속에 없었다는 사실을 깨달았다. 남편 보고 메일로 연락해 보라고 했지만 나보고 산타모니카 호텔에 전화해서 물어봐 줄 수 있냐고 해서 내가 결국 산타모니카 호텔에 전화했고, 그곳에서 스웨터를 보관하고 있었다! 남편은 아끼는 스웨터를 찾아 안도의 한숨을 내쉬며 전화해 줘서 연신 고맙다고. 나 없으면 어쩔래!

퇴사준비 111일차 여행편
벌써 여행이 끝났다고?

    기나긴 여행이 끝났다는게 믿기지 않을 만큼 한국에 돌아가려고 공항에 와 있는 지금 가장 심란할 때는 공항 면세점에서 회사에 갖다 바칠 기념품 고를 때다. 도대체 휴가 갔다오면 기념품 사오는 문화는 어디에서 생긴 건지 모르겠다. 그냥 여행만 다녀오면 안되는 걸까? 한국은 신경쓸 게 너무나도 많아서 피곤하다.

퇴사준비 112일차 화요일
출근 실화입니까? 분명 미국이었는데

09:11 am 일요일에 입국해서 월요일은 하루 쉬고 오늘은
화요일, 바로 현실로 돌아와 지옥 같은 출근을 하는 날이다. 여행
에서 돌아온 것도 실감이 안 나는데 출근까지 해야 되니, 아주 도
살장에 끌려가는 기분이 따로 없다. 어제까지 휴가였는데 남편도
계속 여행이 끝난 게 아쉬웠는지 하루 종일 우울하다. 그래서 아
쉬운 마음을 잊고 꾹꾹 묻어두려고 애써 미국 디즈니랜드에서 가
장 재밌게 탔던 스타워즈 놀이기구를 기념하는 느낌으로 스타워
즈 영화를 몰아 봤다. 정말 영화를 보는 내내 이걸 보고 디즈니랜
드를 갔어야 되는데! 이 명작을 안보고 스타워즈 놀이기구를 타
다니! 후회를 하며, 다음번엔 더 잘 즐기기로 마음먹었다.

무튼 출근도 지옥 같은데 눈까지 오다니, 짜증나기 짝이 없
는 출근길이다! 가면 또 어떤 쓰레기 같은 상황이 날 반겨줄까 짜

증 50에 걱정 50을 하며 다시 현실로 돌아와 출근하는 믿기지 않는 화요일.

역시 한국 너무 살기 안 좋은 날씨다.

출근하면서는 또 애써 다음 여행 어디 가야 되는지 찾아보기 바쁘다. 여행 찾아보면서 출근한다는 사실을 잊는 것만이 살길이다.

<u>17:44 pm</u> 먼지 앉은 컴퓨터를 켜니까 메일이 650개나 쌓여 있었다. 쌓인 메일을 기계적으로 누르는 와중에도 계속 돌아오는 5월에는 유럽을 갈 수 있을까 시칠리아가 좋을까 파리가 좋을까 어디로 갈까 오만 고민과 다시 여행을 갈 수 있다는 세뇌 끝에 휴가 후 회사 첫날을 다행히 버틸 수 있었다. 집에 가서 뜨거운 물 맞고 씻으면서 진지하게 어디 갈지 고민 좀 해봐야겠다.

부록임니댜

♡ 뜨리를 소개합니다 ♡

안녕하세요 저는 뜨리에요!
성 : 터
이름 : 뜨리
나이 : 9x년생

저는 현대인에 걸맞는
거북목을 가지고 있어요

아이고 목이야..

제 등껍질에는
별모양 무늬가 있어요
엄마 말로는
꿈이 많아서 별모양인거래요

뜨리는 직장인 임니다

3년차에요!

에코백과 한몸

손잡이 달린 텀블러

안냐세요!
좋은아침이에요!

직장인 뜨리는
초반엔 굉장히
밝은 거북이였어요

하지만
가끔은 이상한
회사사람들의
나쁜말에

어흥!

상처받은 뜨리는
얕보이지 않기로
결심했어요

근데 사실 잘 안돼요
비밀이에요!

또리는 스트레스 받을때
수영을 해요!
무척 좋아하는 운동이거든요!
그런데 달리기도 잘하고 싶은

욕심쟁이에요!

성격은 엄청 급해요
근데 행동은 느린가봐요
(전 제 자신이 빠르다고 생각해요)

느려도 예쁘게 봐주실꺼죠?
전 알아요!

❀뜨리의 하루하루❀

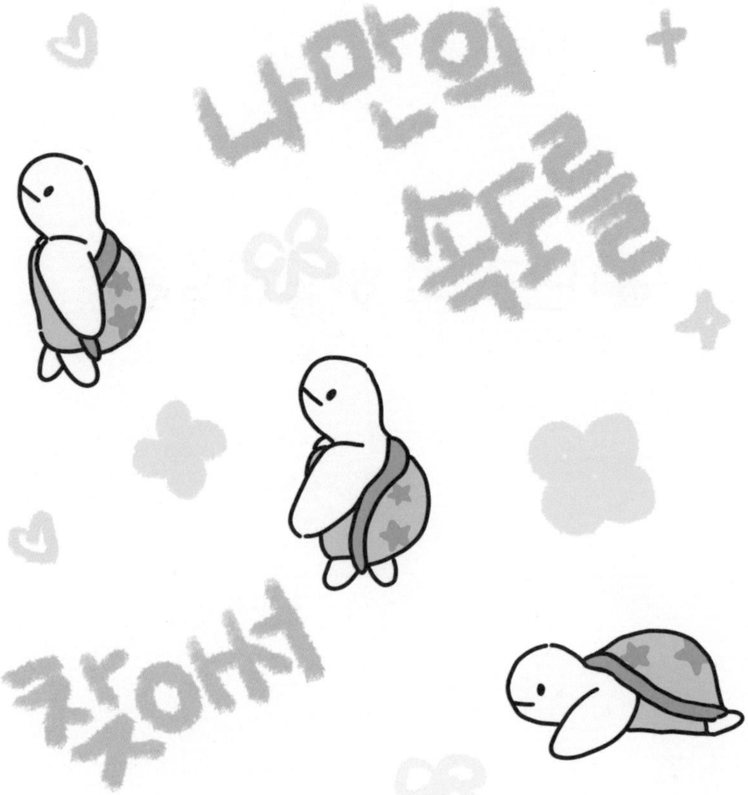
나만의 속도를 찾아서

✖ 월요일, 이건 하지 맙시다 ✖

– 퇴근 전 연락 –

네?
저 곧 퇴근할건데요..!!!!!

아.무.것.도. 묻.지.마.세.요.

공지사항 월티켓은 지켜주세요 !!

1.월요일 오전 말걸기 금지
2.월요일 오전 회의 금지
3.월요일 오후 4시 이후 업무 얘기 금지
퇴근 절대 막지 말것

전국 직장인 협회장 터뜨리 (인)

그냥 월요일은 다싫다
날 제발 내버려둬 !!!!

월티켓 = 월요일+에티켓

281

◆ 마음대로 평가하지 마세요 ◆

✦ 회식 ~~필참~~ 잔소리는 사절이에요! ✦

🕯️ 쓸데없는 오지랖, 필요없어요 🕯️

😐 그런식으로 말하지 말라구요 😐

291

◊ 물음표 살인마는 싫어!! ◊

☆ 회티켓을 지키세요.아시겠어요? ☆

회티켓 : 회사+에티켓

마치며

우당탕탕 하루도
지나보면 소중한 날
아 그땐 그랬지,
분명 행복한 날이 있을거야

이 이야기의 시작은 원래 이탈리아 남부의 섬인 시칠리아 여행기였다. 시칠리아 여행에서 굉장히 따뜻한 에피소드가 많았기 때문에, 잊지 않으려고 여행기를 노트에 적고 있었지만 다음 날은 출근해야 되는 안타까운 상황. 마음이 너무 힘들었다. 나는 분명 시칠리아에 있었는데..?

더구나 월요일 아침, 출근 날 중 난이도가 가장 높은 날이었다. 힘들다고 얘기하고 싶은데 아침부터 내 베스트 프렌드인 엄마한테 전화할 수도 없고 해서 핸드폰 메모 앱을 열었다. 이 퇴사 준비 얘기가 시작된 것은 그때부터였다.

이 글을 기록하면서 붙인 '퇴사 준비 #일차' 제목은 조금 나를 진정시켜주기도 했다. 퇴사 준비 1일차, 2일차, 3일차 … 점점 숫자가 늘어날 때마다 막연히 심적으로 퇴사가 가까워지는 느낌이었다. 그리고 정말 전혀 예상하지 못했는데 의외로 이렇게 글로 힘듦을 풀어내 본 방법이 나름 도움이 많이 됐다. 회사에서 상처받는 말이나 힘든 상황을 겪으면 화장실에 가서 메모 앱을 열고 토도도독 있었던 상황과 힘든 내 마음을 정리하니까 "임금님 귀는 당나귀 귀"라고 외친 것처럼 후련했달까. 메모 앱은 나의 해소 창구였다.

이런 과정이 점점 누적될수록, 이상한 회사 사람들의 이상한 말에도 덜 상처받게 되었다. 그럼에도 불구하고 아직 상처받는 것들이 있긴 하지만 여전히 그 부분은 노력 중이다.

독립 출판을 생각하게 된 계기는, 어느 날 불현듯 이런 힘든 과정을 겪는 과도기의 직장인이 하나쯤은 있지 않을까..? 라는 생각으로 출판을 결심했다. 그 한 명에게 '나도 그렇다 괜찮다'라는 말을 해주고 싶어서.

나는 이 글을 읽는 직장인에게, 또 이 글에 공감하는 사람에게 이렇게 말해주고 싶다. 너무나도 힘든 날을 보냈다면, 그럼에도 불구하고 내일이 온다고, 또 그렇게 하루를 잘 보내줘서 자랑스럽다고, 심호흡 크게 해서 부정적인 기억들은 몸 밖으로 내보내 버리고 쉬는 동안은 날 위해 온전히 쉬고 회복 잘하자고.

어떤 날을 보내든, 에너지를 소모하는 일은 필연적으로 있기 때문에 요즘엔 쉬는 것도 굉장히 중요하다고 생각한다. 오늘도 어떻게든 잘 보내 보려고 애쓴 나 자신을 위해 수고했다고 다독여주고 스스로를 지지해 주는 시간을 꼭 가졌으면 좋겠다.

이런 과정이 지나다 보면 분명 '아 잘 살았다' 라고 생각하는 순간이 온다고 믿는다. 그때까지 되도록 인생을 즐겨 보려고 하기를 바라며. 죽기 전에는 퇴사할 수 있겠지?

죽기 전에 퇴사할 수 있을까?

초판 1쇄 발행 2024년 12월 9일

지은이   나꼼지

디자인   나꼼지

쓰레드   @turtlee (인스타그램 동일)

이메일   snowsom37@gmail.com

ISBN   979-11-990051-0-5